KB067995

끝내기

전원바둑연구실 지음

모르고 바둑 두지 마라

전원문화사

끝내기 모르고 바둑 두지마라

2016년 8월 20일   2판 1쇄 발행

지은이 * 전원바둑연구실
펴낸이 * 남병덕
펴낸곳 * 전원문화사
07689 서울시 강서구 화곡로 43가길 30. 2층
        T.02) 6735-2100   F.6735-2103
E-mail * jwonbook@naver.com
등록 * 1999년 11월 16일   제 1999-053호
        ⓒ 2000, by Jeon-won Publishing Co.

바둑은 집의 많고 적음에 따라 승패가 결정되는 게임입니다. 돌의 능률성을 추구하는 포석이나 각종 전투가 벌어지는 중반전도 결국은 집을 많이 확보하기 위한 하나의 과정일 뿐입니다.

그런데 이러한 과정을 거친 후에 집의 많고 적음을 결정짓는 최후의 단계가 바로 끝내기입니다.

포석이나 중반전을 아무리 유리하게 이끌었다고 해도 집을 마무리짓는 끝내기에서 성공을 거두지 못한다면 그만큼 승리를 쟁취하기가 쉽지 않을 것입니다.

바둑을 둘 때 내용면에서는 압도적으로 유리하게 이끌었지만 결국 승부에서는 지는 경우를 보게 되는데, 그 원인은 바로 끝내기가 약하기 때문입니다.

끝내기는 반상의 꿈을 펼치는 포석이나 화려하면서도 격렬한 중반전투에 비해 상대적으로 재미 없는 분야에 해당합니다.

그러나 기력이 엇비슷한 사람끼리의 대국에서는 끝내기에서 승부가 결정될 가능성이 높은 만큼 끝내기의 중요성은 아무리 강조해도 지나치지 않습니다.

세계 제일의 끝내기 실력을 자랑하는 이창호 九단이 절대 강자로 군림하고 있는 현실은 이를 잘 증명하고 있습니다. 결국 끝내기가 강한 사람이 승부에도 강하게 마련인 것입니다.

이 책은 실전에서 가장 많이 등장하는 끝내기 유형들을 정리한 것입니다.

이 책에 수록된 끝내기 유형들을 하나씩 하나씩 공부하다 보면 어느새 자신의 승률이 향상되어 있음을 느낄 수 있을 것입니다.

2000년 6월
전원바둑연구실

*** 목 차 ***

제1장 끝내기 초급편 . . . 7

제3장 끝내기 고급편 . . . 171

제1장

끝내기

초급편

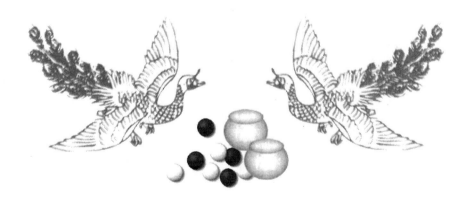

백의 무리수를 응징

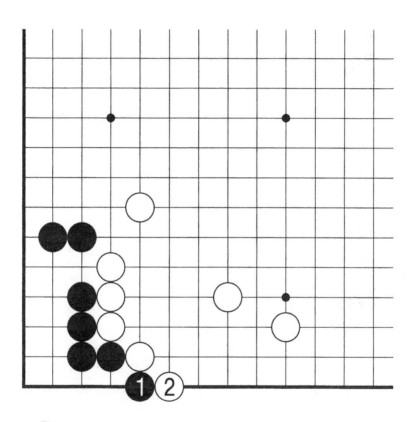

흑❶의 젖힘은 선수 끝내기이다. 백은 ②로 바로 막아 집을 최대한 지키려 한다. 그러나 백②는 무리수로 흑은 지금 끝내기 수단을 강구해서 백의 무리를 응징해야 한다.

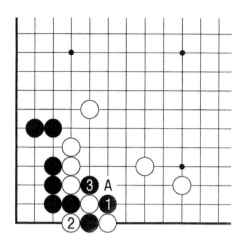

그림1 (정해)

흑❶의 끊음이 백의 무리를 응징하는 맥점. 백은 ②로 딸 수밖에 없는데, 흑❸으로 단 수하면 이을 수가 없다. A로 패를 해야 하는데, 백의 부담 이 커서 흑의 성공이다.

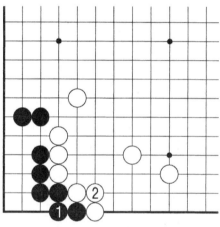

그림2 (실패)

흑❶로 잇는 것은 나약한 수. 백②로 이으면 선수는 차지하 나 백집이 최대한 굳어져 흑 이 성공을 거두었다고 볼 수 없다.

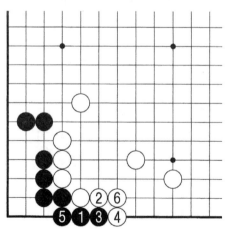

그림3 (참고)

원래 흑❶로 젖힐 때 백은 ② 로 물러서는 것이 정수이다. 흑❸, ❺로 끝내기하면 선수 를 유지할 수 있다. **그림2**보다 백집을 2집 줄였다.

이득을 보는 끝내기

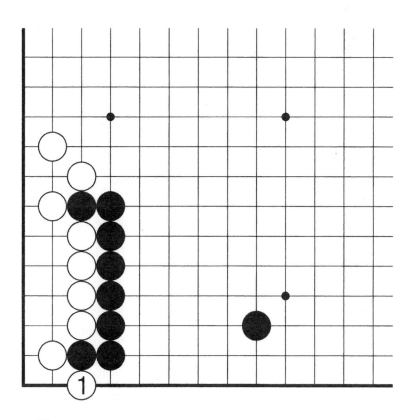

백이 ①로 젖혀서 끝내기를 한 장면이다. 흑은 손 따라서 바로 막기 전에 잠시 생각을 해 본다. 백의 모양을 뭉치게 하는 것이 열쇠이다.

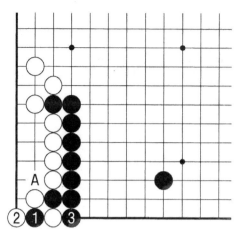

그림1 (정해)

흑❶의 먹여침이 상용의 수단으로 백은 ②로 따야 한다. 흑❸으로 단수하면 백은 이을 수가 없다. 그리고 백A의 가일수도 필요하다. 흑❸은 나중에 둘 수도 있다.

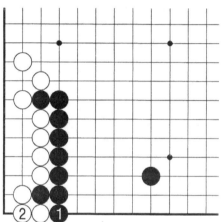

그림2 (실패)

흑❶로 손이 먼저 나가면 기력 향상을 기대하기 어렵다. 백②로 이을 수가 있어서 **그림1**보다 2집 이상 손해이다.

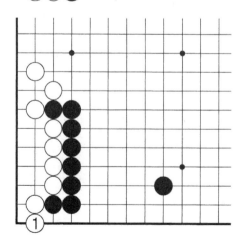

그림3 (백의 정수)

장면도에서 백은 젖힐 필요 없이 ①로 빠지는 수가 정수이다. 나중에 백은 미는 수가 선수라서 **그림2**와 같은 결과이다.

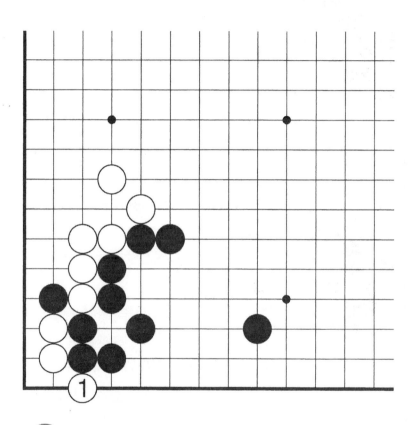

백①의 젖힘은 쉽게 둘 수 있는 수이다. 그러나 앞의 문제 와 유사한 형태로 흑은 세심한 배려가 필요한 장면이다.

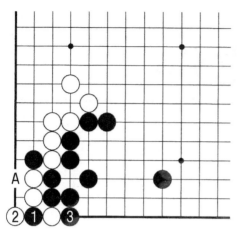

그림1 (정해)

흑❶의 먹여침이 급소로 백은 ②로 딴다. 흑이 ❸으로 단수 하면 백은 ①의 자리에 잇지 못한다. 흑이 A로 젖히면 단수에 걸려 죽게 되기 때문에.

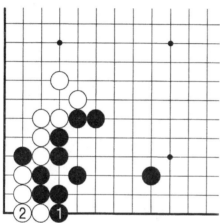

그림2 (실패)

흑❶로 두는 것은 백의 잘못을 추궁하지 못한 수. **그림1**과 비교하면 손해임이 한눈에 나타난다. 사소한 곳이라도 생각하는 습관이 중요하다.

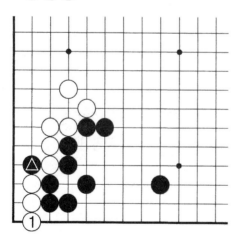

그림3 (백의 정수)

애초에 백은 ①로 빠져서 끝내기를 해야 하는 자리이다. 그러면 흑▲를 단수하지 않아도 문제가 되지 않는다.

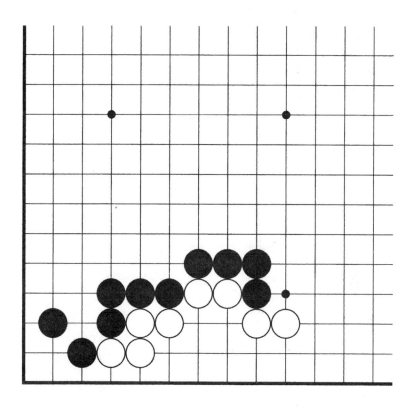

보기에는 젖히는 수밖에 없다. 그러나 젖히기 전에 해 두어야 할 것이 있다. 백집 안에 두어도 백이 놓고 따면 손해가 없다.

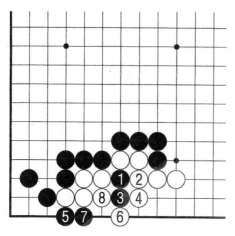

그림1(정해)

흑❶로 끊고 ❸으로 빠지는 수가 끝내기 수단. 백도 ②, ④로 두어야 하므로 자체로도 손해가 없다. 흑❺, ❼이 선수가 되어 백집을 줄였다.

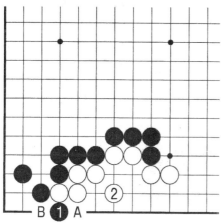

그림2(실패)

흑❶로 젖혀도 백은 막지 못한다. 그래서 마찬가지라고 생각하면 안 된다. 백②가 좋은 수로 나중에 백A, 흑B로 될 자리이다. 그림1보다 백집이 2집 많다.

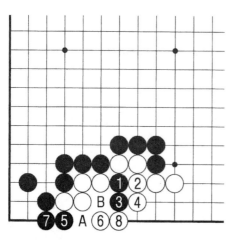

그림3(변화)

흑❶부터 ❺까지 둔 후에 백이 ⑥으로 두어서 1집이라도 만들려는 것은 안 된다. 백⑧ 이후에 흑A면 백B로 따야 하므로 그림1과 같은 결과이다.

유가무가 형태

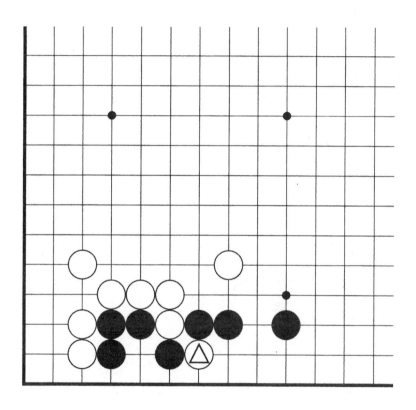

백△로 끊겨 있어서 흑은 당장 이 곳을 두어야 한다. 해결의 열쇠는 유가무가(有家無家)면 놓고 따지 않아도 된다는 것이다.

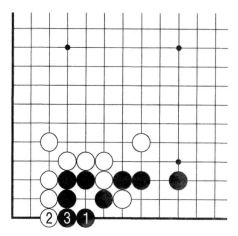

그림1(정해)

흑❶로 집을 내는 수가 정수이다. 백②엔 흑❸으로 두어서 백 한 점을 놓고 따지 않아도 된다. 효율적으로 백 한 점을 제압했다.

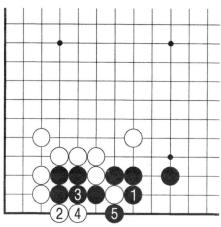

그림2(실패)

흑❶의 단수는 쉽게 생각할수 있는 수. 백②, ④의 단수가 흑집을 줄이는 기분 좋은 선수 끝내기이다. **그림1**보다 흑집이 4집이나 줄었다.

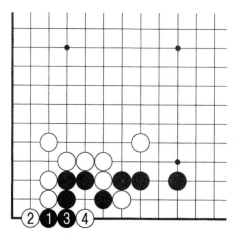

그림3(착각)

흑❶로 젖혀서 끝내기를 하려는 것은 무리이다. 백②로 막으면 흑❸으로 이어야 하는데, 백④의 단수로 흑은 다섯점을 살리지 못한다.

약점을 추궁하는 요령

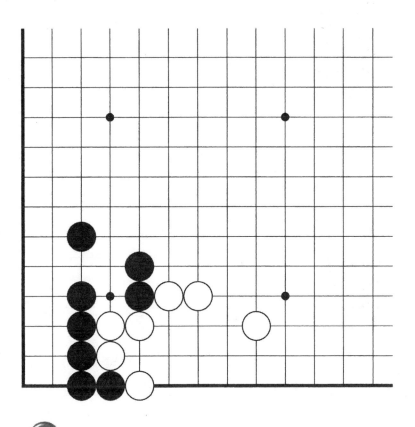

백집이 완성된 형태이나 아직 약점이 있다. 바로 끊는 것은
축으로 잡히므로 달리 생각을 해야 한다.

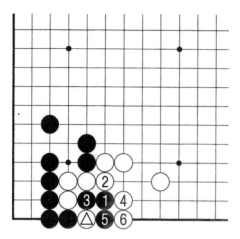

그림1 (정해)

흑❶로 들여다보는 수가 좋은 수로 백은 단점이 두 곳이 생겼다. 백②로 잇는 것이 정수이고, 흑은 ❸으로 백 한 점을 잡으며 백집을 줄인다.
(흑❼… 백△)

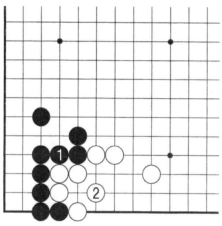

그림2 (실패)

흑❶이 선수라고 무심코 두는 것은 악수이다. 백②로 지키면 그림1의 끝내기가 없어져 백집을 지켜준 꼴. 그림1과의 차이가 5집이 난다.

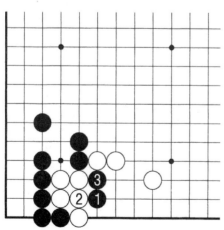

그림3 (백, 무리)

흑❶로 들여다보았을 때 백이 ②로 잇는 것은 무리수로 흑 ❸으로 끊으면 손해만 커진다. 백으로선 그림1처럼 둘 수밖에 없다.

잇지 않고 두는 방법

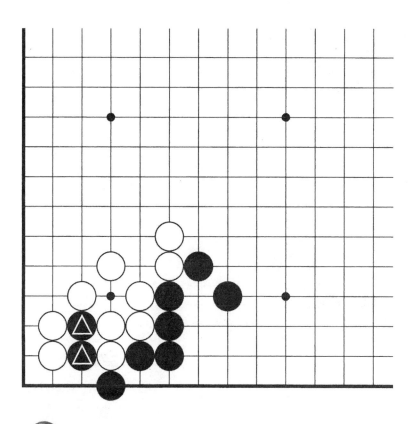

흑▲ 두 점이 단수로 몰려 있어 잇는 수가 일감이다. 그
러나 백집도 더불어 지켜지게 되므로 달리 두는 방법을
모색하고 싶다.

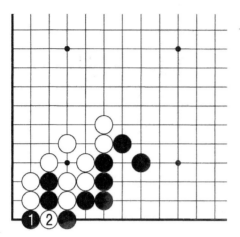

그림1 (정해)

흑❶로 젖히는 수가 백집을 줄이는 맥점. 백②면 흑 두 점이 잡혀 손해가 큰 듯하나 아직 끝이 아니다.

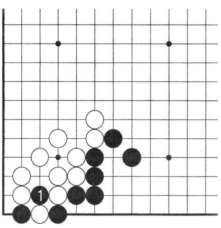

그림2 (계속)

앞 그림에 이어 흑❶로 따면 흑은 연결이 가능하다. 두 점은 죽었지만 백 한 점을 먹고 백집을 줄여서 손해가 아니라 이득이다.

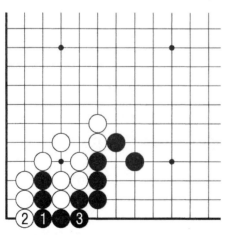

그림3 (실패)

흑❶로 이으면 백②가 선수가 된다. 흑❸으로 이으면 서로 피해가 없다. 그러나 백집이 커져서 흑으로선 **그림2**보다 1집이 강하게 손해이다.

따내지 않고 두는 방법

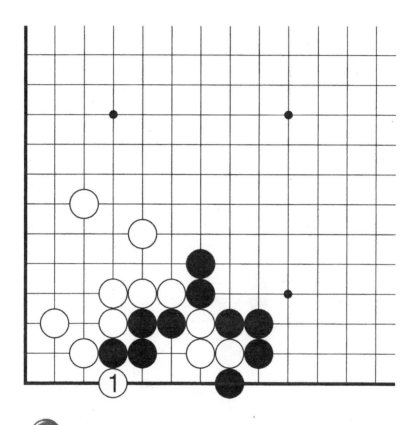

백이 ①로 젖히면서 석 점을 따먹으라고 강요한다. 흑이 따먹는 것은 당연한 듯하나 약간 더 능률적으로 집을 지키는 수단이 있다.

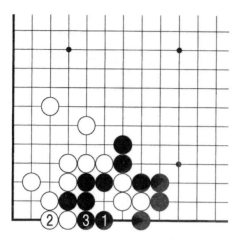

그림1 (정해)

흑❶이 실전에서는 놓치기 쉬운 맥점. 백이 ②로 이으면 흑도 ❸으로 모양을 정비해서 집을 최대한 지킨다.

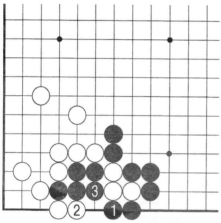

그림2 (실패)

흑❶의 단수는 손이 먼저 나가기 쉬운 곳이다. 백②의 단수가 선수로 흑❸으로 석 점을 놓고 따먹게 되면 **그림1**보다 2집 손해이다.

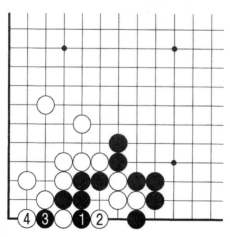

그림3 (무리)

흑❶로 막아서 집을 최대한 지키려는 생각은 지나친 욕심이다. 백②가 맥점으로 흑은 ❸으로 따야 하는데, 백④면 패가 나서 흑 실패.

사석을 활용한 끝내기

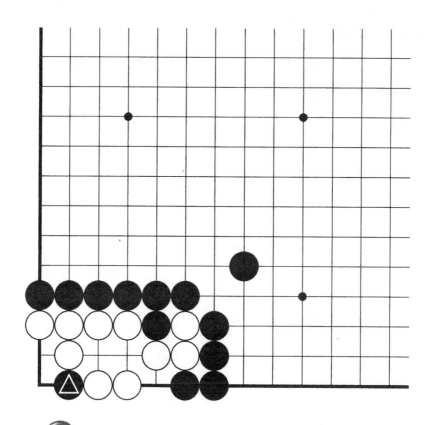

잡혀 있는 흑▲가 쓸모없는 돌이라고 생각하면 안 된다. 이 한 점이 묘하게도 백을 자충으로 만드는 역할을 해서 흑은 상당한 끝내기를 할 수 있다.

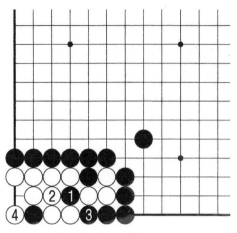

그림1 (정해)

흑❶의 먹여침이 맥점으로 백은 ②로 따는 수밖에 없다. 이어 흑❸으로 단수하면 백은 잇지 못하고 ④로 살아야 한다. 흑은 ❺로 백 석 점을 잡아서 만족.

(흑❺…흑❶)

그림2 (실패)

그림1의 수단을 못 보고 흑❶로 단수하면 백은 ②로 이을 수가 있다. 흑으로선 그림1보다 손해인 것은 자명한 일이다.

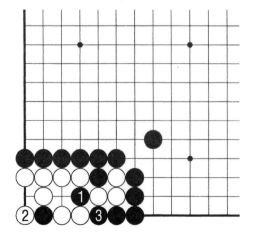

그림3 (변화)

흑❶의 먹여침에 백②로 두는 수도 있다. 흑❸으로 따면 그림1보다 2집 정도 손해이나 확실한 선수를 뽑았다. 그림1의 흑❺는 나중에 둘 수도 있다.

선수와 후수를 고려

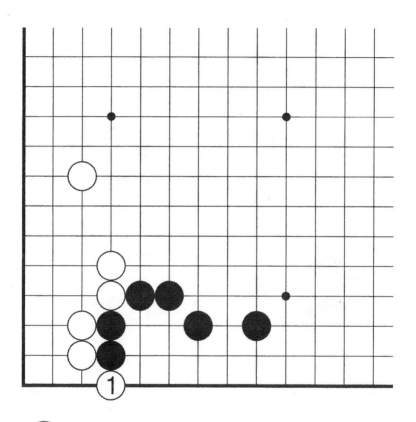

백이 ①로 젖힌 장면이다. 흑은 집만 생각해서는 안 되고 선, 후수도 같이 생각해야 한다. 중급자도 실전이라면 잘못 두는 경우가 종종 있다.

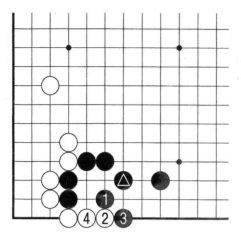

그림1 (정해)

흑❶이 얼핏 봐서는 손해로 보이나 정수. 백은 ②, ④로 끝내기를 하는데, 후수로 해야 한다. 흑▲가 호구 모양으로 자리를 잡고 있음을 눈여겨봐 야 한다.

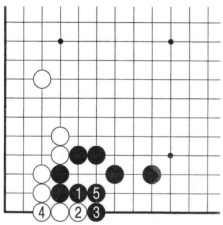

그림2 (실패)

흑❶로 두는 경우가 많다. 물론 흑❺까지면 흑집이 **그림1** 보다 1집 많으나 지금은 백이 선수라는 차이가 있다. 1집과 선수를 바꾸겠는가?

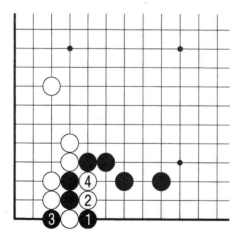

그림3 (무리)

백의 젖힘에 대해 흑❶로 바로 막는 것은 엄청난 무리. 백 ②로 끊으면 양단수에 걸린 다. 흑❸으로 따도 백④로 단 수하면 그만.

상용 수단

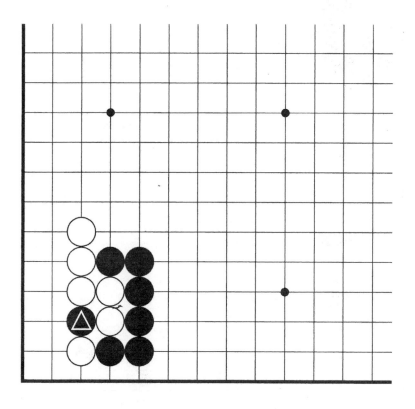

흑▲가 잡혀 있지만 아직은 중요한 역할이 있다. 실전 빈도도 높고 이런 모양에서 상용의 수단이므로 꼭 기억해야 한다.

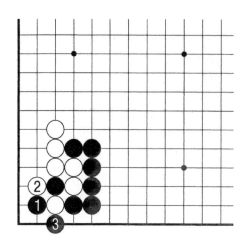

그림1 (정해)

흑❶로 돌려치는 수가 맥점이
다. 백이 ②로 따는 것은 당연
한데, 흑❸으로 넘으면 백집
이 많이 줄었음을 알 수 있다.

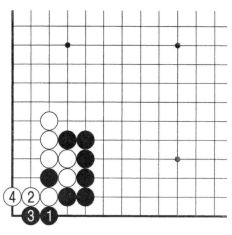

그림2 (실패)

흑❶로 단수하면 백은 한 점
을 따지 않고 ②로 느는 수가
좋은 수이다. 흑❸엔 백④로
후수지만 집을 최대한 지켜서
좋다.

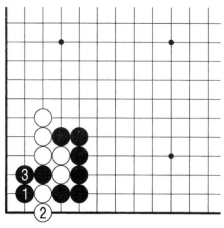

그림3 (백, 무리)

흑❶의 단수에 백이 ②로 빠
지는 것은 무리이다. 흑❸으
로 이으면 백 두 점이 죽어, 귀
가 오히려 흑집이 된다.

선수 이득

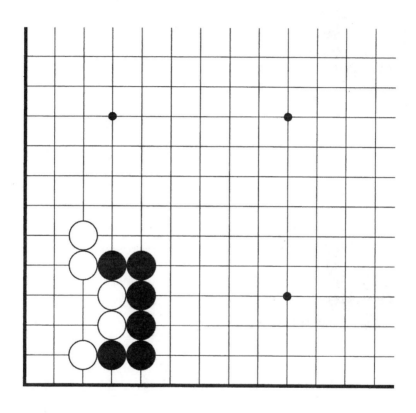

이런 모양에서도 상용의 수단이 있다. [11형]과 비슷하나
약간 다르다. 결과도 다르므로 잘 생각해야 한다.

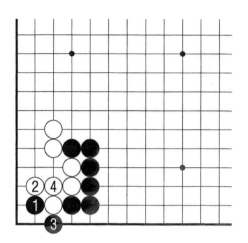

그림1 (정해)

흑❶의 껴붙임이 상용의 맥점. 백은 ②로 물러서는 수가 정수로 흑은 ❸으로 단수하며 선수로 끝내기를 한다.

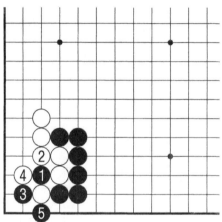

그림2 (실패)

흑❶로 단수하고 ❸으로 돌려치는 수법도 가능한 수단이다. **그림1**과 비슷하나 후수라는 큰 차이가 있어 **그림1**에는 못 미치는 결과이다.

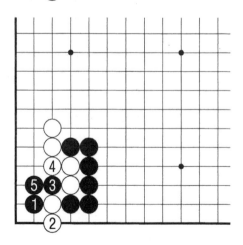

그림3 (백, 무리)

흑❶로 껴붙일 때 백이 ②로 차단하는 수는 안 된다. 흑❸으로 끊는 수가 성립해서 흑❺로 백 두 점을 잡으면 백은 망한 결과이다.

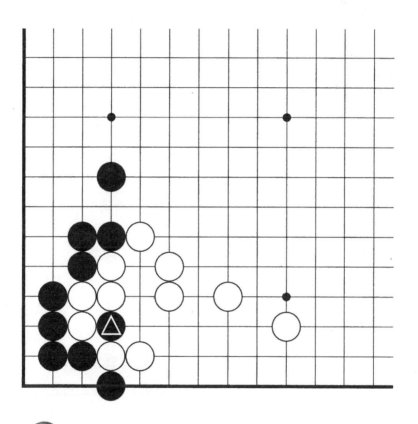

흑▲는 폐석으로 보이나 흑에게는 없어서는 안 될 요석
이다. 흑은 이 한 점을 잘 활용해서 끝내기를 하면 놀랄
만한 결과가 나온다.

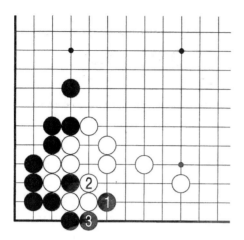

그림1 (정해)

흑❶의 붙임이 교묘한 맥점으로 백②의 후퇴는 불가피하다. 흑❸으로 건너면 백집이 거의 공배가 된 모습이다.

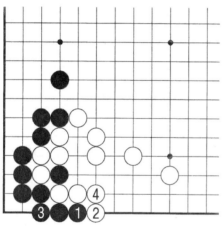

그림2 (실패)

흑❶로 밀고 ❸으로 잇는 수는 초급자가 범하기 쉬운 실수이다. 백④로 이으면 후수라도 백집이 굳어져 백은 더 이상 바랄 것이 없다.

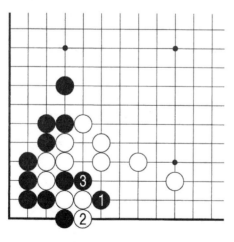

그림3 (백, 무리)

흑❶의 붙임에 백은 ②로 차단하는 수가 성립하면 좋으나 아쉽게도 안 된다. 흑❸으로 뒤에서 몰면 백은 흑의 그물을 벗어나지 못한다.

자충을 활용한 끝내기

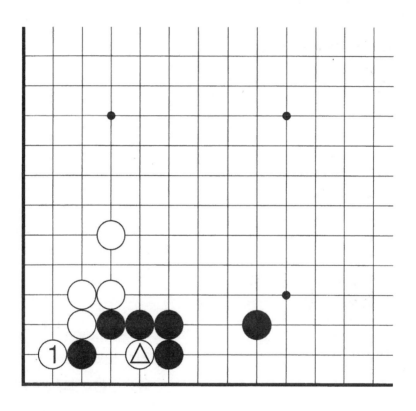

백①로 젖혀서 흑이 백△을 잡으면 귀를 차지하려고 한다. 흑은 백의 자충을 이용해서 귀를 백에게 허용하지 않도록 하는 것이 목적이다.

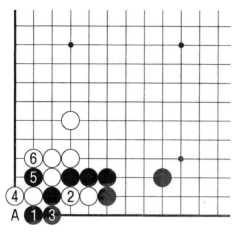

그림1 (정해)

흑❶의 젖힘이 무리수로 보이나 끝내기의 맥점이다. 백②로 끊고 ④로 빠지면 흑❺로 끊어 두는 것이 요령으로, 백은 A로 단수할 수가 없다.

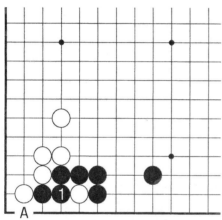

그림2 (실패)

흑❶의 이음은 단순한 수로 실패. 백은 선수로 다른 곳에 둘 수도 있고, 백A로 빠지는 수를 둘 수도 있다. 백A의 가치는 역끝내기 4집, 즉 8집의 가치가 있다.

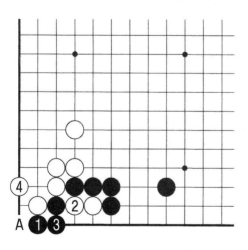

그림3 (변화)

흑❶부터 ❸은 그림1과 같다. 여기서 백④는 묘한 수로 A로 패를 하겠다는 위협이다. 그러나 백도 패에서 지면 부담이 크므로 함부로 결행하기는 힘들다.

돌을 죽이는 방법이 중요

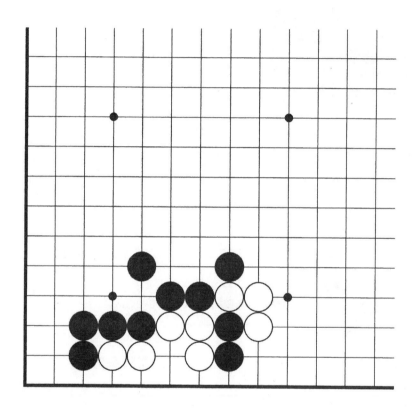

흑은 어떻게든 잡혀 있는 흑돌을 놓고 따먹게 해야 한다.
선수에 만족하지 말고 한 점이라도 연결을 해서 백집을 줄
이도록 한다.

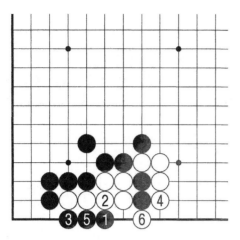

그림1 (정해)

흑❶의 치중이 멋진 맥으로 백②는 어쩔 수가 없다. 흑❸부터 조이면 아무런 피해 없이 백집을 최대한 줄였다.

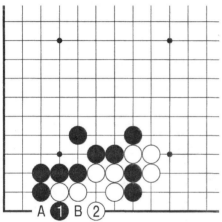

그림2 (실패)

흑❶로 젖히는 수는 제일 하책이다. 백②로 집을 내는 수가 좋은 수로 유가무가의 형태로 더 이상의 가일수가 필요하지 않다. 흑A에는 백B로 그만.

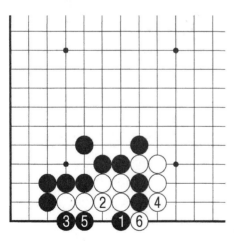

그림3 (실패)

일단 흑❶로 단수하는 경우가 많다. 백⑥까지는 필연인데, 흑❶을 살려올 수가 없다. 그림1보다 2집 손해로, 그림1의 수단을 꼭 기억하기 바란다.

선수로 결정짓는 요령

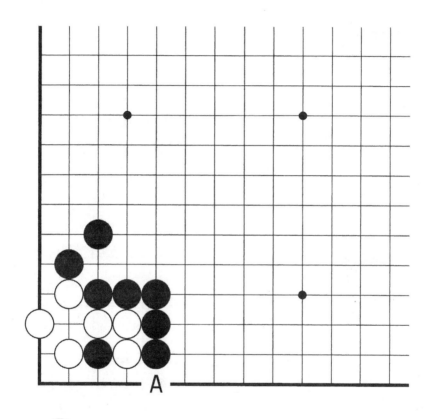

A

백이 A로 젖히는 끝내기를 하면 선수이다. 흑은 백A의 수
단을 막으려고 하나 후수라면 문제가 되지 않는다. 선수로
해결하는 것이 과제이다.

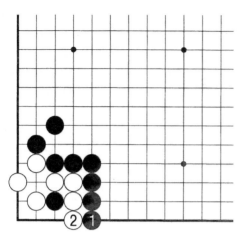

그림1(정해)

흑❶로 내려서는 수가 백의 사활을 문제삼는 수로 정답. 백②가 어쩔 수 없어서 흑은 선수로 장면도 백A의 끝내기를 방비했다.

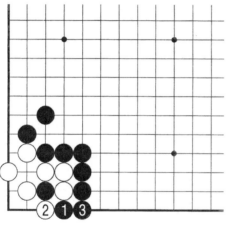

그림2(실패)

흑❶로 젖히고 ❸으로 이으면 쉽다. 그림1보다 백집을 1집 줄였으나 후수인 점이 불만이다. 백이 다른 곳에서 2집 끝내기만 해도 그림1보다 득이다.

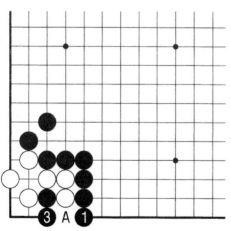

그림3(죽음)

흑❶의 뻗음에 백은 손뺄 수가 없다. 만약에 손을 뺀다면 흑❸으로 내려서는 수가 성립한다. 백은 A로 차단하는 수가 없어서 죽는다.
(백②…손뺌)

1선 돌을 활용한 맥점

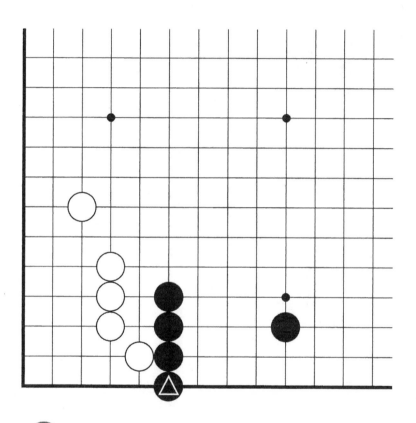

흑▲로 내려선 점이 상당한 위력을 발휘한다. 실전에도 충
분히 활용이 가능한 수단이니 필히 숙지하도록 한다.

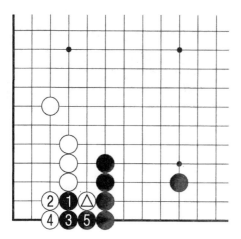

그림1 (정해)

흑❶의 껴붙임이 상용의 맥점.
백②의 단수는 당연한데, 흑❸
으로 빠지면 잡을 수가 없다.
흑❺까지면 백집도 줄이고 백
△을 잡는 맛도 남는다.

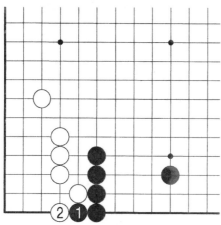

그림2 (실패)

흑❶로 미는 수는 선수 1집
끝내기. 이렇게 두려면 아예
손을 대지 않고 **그림1**의 수단
을 남기는 것이 좋다. **그림1**은
후수 4집의 가치가 있다.

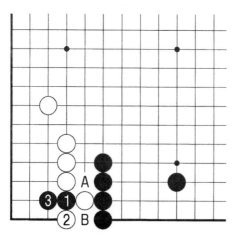

그림3 (백, 무리)

흑❶의 껴붙임에 백이 ②로
단수하는 것은 잘못이다. 흑❸
으로 나가면 백은 A, B의 단
점이 두 곳이 생겨 이를 막을
수가 없다.

돌을 살리는 정확한 수순

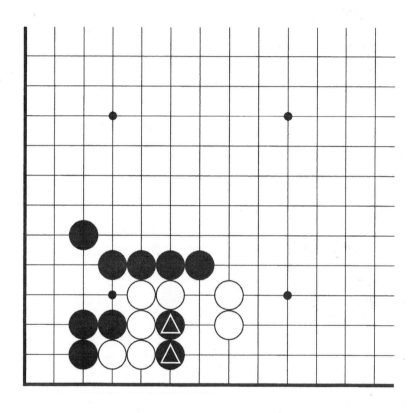

흑△ 두 점이 죽은 것처럼 보인다. 그러나 죽었다고 포기하기엔 이르다. 수순에 유의해서 두 점을 살리도록 한다.

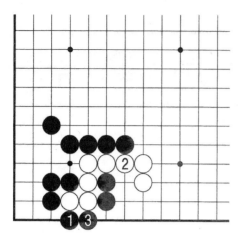

그림1 (정해)

흑❶의 젖힘이 옳은 방향으로 백은 ②로 잇는 수가 정수이다. 흑❸으로 건너면 백집이라 생각했던 곳을 공배로 만들었다.

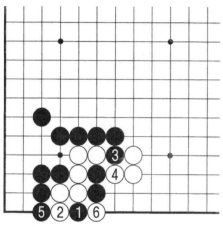

그림2 (실패)

흑❶의 젖힘도 **그림1**과 같다고 생각하면 안 된다. 백②로 막고 이하 ⑥까지는 필연인데, 백⑥이면 흑 두 점이 단수가 되어 실패이다.

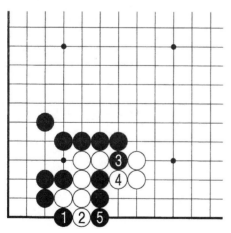

그림3 (백, 무리)

그림1의 흑❶의 젖힘에 백이 ②로 막는 변화이다. 흑은 ❸으로 끊고 ❺로 단수해서 백을 잡을 수가 있다. 흑❸을 먼저 두면 자신의 수가 메워져 실패하므로 주의.

초급

19

자충을 활용한 끝내기

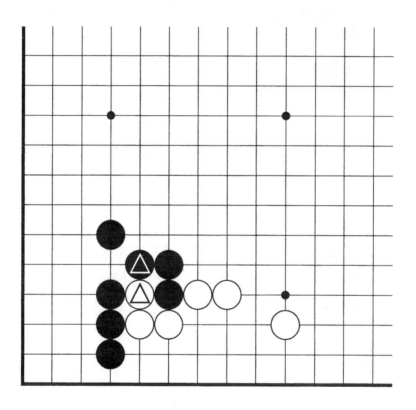

백△로 선수 끝내기를 해서 흑▲로 막은 모습이다. 그러나 이 교환은 백이 자충이 되어 악수이다. 흑은 백의 자충을 이용해서 최선의 끝내기를 한다.

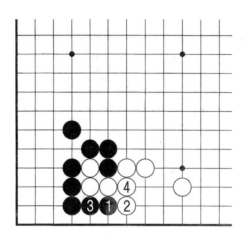

그림1 (정해)

흑❶의 붙임이 끝내기의 맥점. 백은 ②로 막는 정도이나 흑❸을 선수로 하는 것이 흑의 자랑이다. 아직도 끝내기가 남은 모습이다.

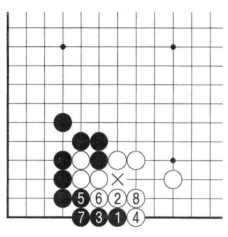

그림2 (실패)

흑❶의 비마(눈목자 끝내기)도 상용의 끝내기 수단으로 백⑧까지는 최선을 다한 모습. 그림3과 비교를 하면 백집이 ×의 곳에 1집 늘었음을 알 수 있다.

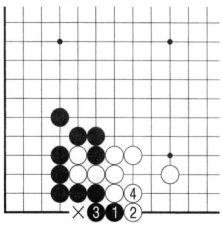

그림3 (정해 계속)

그림1에 이어 흑❶, ❸은 흑의 권리로 백②, ④는 당연하다. 그림2와 비교를 하면 흑집이 ×의 곳에 1집 늘었다. 총 2집이 이득인 셈이다.

선수 끝내기의 공방

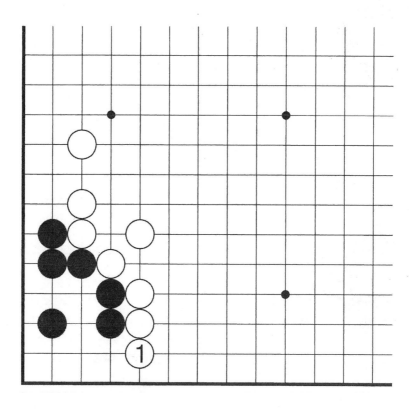

백①은 선수로 끝내기를 하려는 수단. 흑도 꽤를 내어 백의 작전을 저지하고 선수를 뽑던가 끝내기 수단을 남기도록 한다.

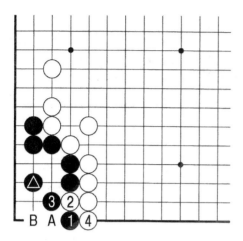

그림1 (정해)

흑❶의 한 칸 뜀이 맥점으로 백②, ④에는 흑❸으로 막고 손을 뺀다. 백A로 한 점을 따도 흑B로 막을 수가 있다. 흑▲의 역할에 주목한다.

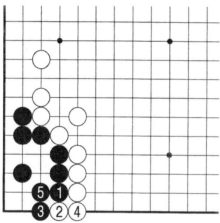

그림2 (실패)

흑❶로 막는 수가 당연해 보이나 백②, ④의 끝내기를 당해야 한다. 흑은 **그림1**보다 2집 약하게 득이지만 선수가 백에게 있어서 손해이다.

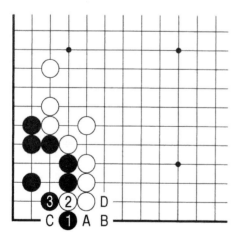

그림3 (보통)

흑❶의 뜀에는 백②를 선수하고 다른 곳으로 방향을 돌리는 것이 보통이다. 그러면 흑A, 백B, 흑C, 백D의 끝내기가 보장되어 **그림2**보다 2집 이득이다.

환격을 활용한 맥점

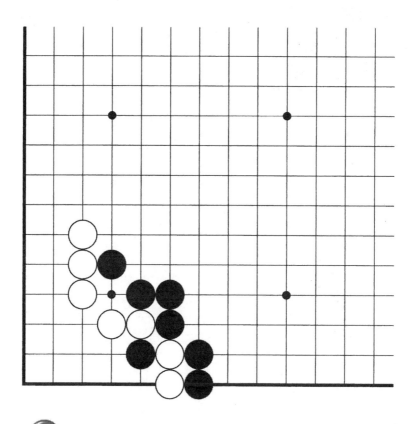

백 두 점을 잡았으나 더 이상 백집을 깨는 것은 어려워 보인다. 그러나 환격을 이용해서 백집을 줄이는 수가 있다.

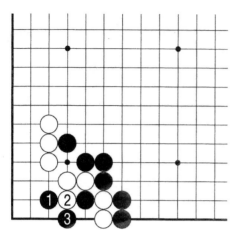

그림1 (정해)

흑❶의 한 칸 뜀이 놀랄 만한 맥점. 백②로 찔러도 흑❸이면 환격의 모양으로 백 두 점은 살아갈 길이 없다. 귀가 오히려 흑집이 되려고 한다.

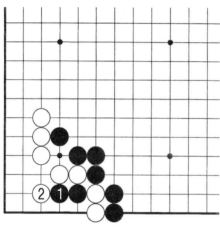

그림2 (실패)

흑❶로 미는 수는 끝내기라 할 수가 없다. 백이 ②로 막으면 더 이상의 수가 없다. **그림1**을 보면 속이 탈 노릇이다.

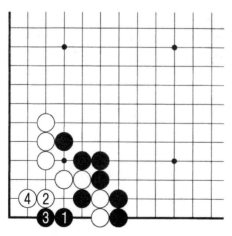

그림3 (차선)

흑❶의 마늘모는 그래도 생각이 있는 수. 백은 바로 막을 수가 없으므로 ②, ④로 물러나야 한다. 그러나 **그림1**보다는 훨씬 못하다.

돌을 살리는 수단

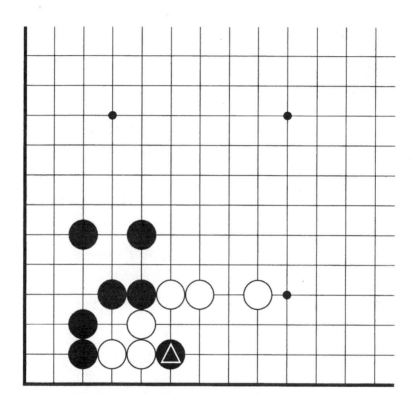

앞에서 비슷한 유형이 있었다. 흑🔺를 살리면 백집은 많이
줄게 된다. 바로 끊어서 백 석 점과 수상전을 하려는 생각
은 무모하다.

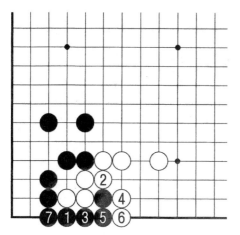

그림1 (정해)

흑❶의 젖힘이 옳은 방향으로 백②는 정수. 흑은 ❸으로 연결하고 백은 ④, ⑥으로 집을 지킨다. 흑은 한 점을 연결하며 백집을 많이 줄였다.

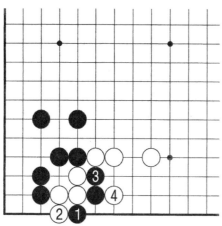

그림2 (실패)

흑❶의 젖힘은 방향 착오이다. 이제는 백도 ②로 강하게 막는 수가 가능하다. 흑❸으로 끊어도 백④로 수를 조이면 흑은 손해만 자초한 꼴이다.

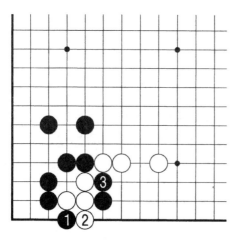

그림3 (백, 무리)

흑❶의 젖힘에 백이 ②로. 막는 변화이다. 지금은 흑❸으로 끊으면 백의 한 수 부족이 된다. 그림2와의 차이를 잘 살펴야 한다.

자충을 활용하는 수순

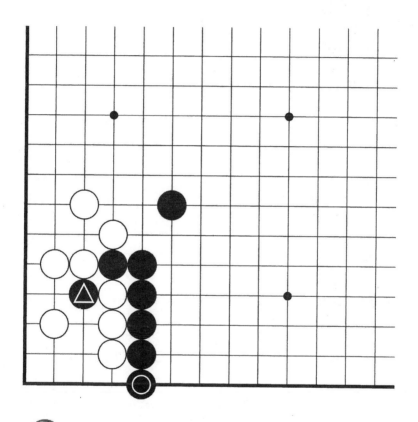

흑△와 ◉가 끝내기를 돕는 일등 공신이다. 이 두 수로 인해 백의 자충을 이용해서 귀의 백집을 철저히 무너뜨릴 수 있다.

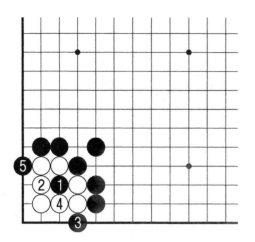

그림1 (정해)

흑❶의 붙임이 쌍립의 모양에
해당하는 급소. 백은 ②로 잇
는 수가 정수이고, 흑은 ❸으
로 건너 귀를 공배로 만든다.

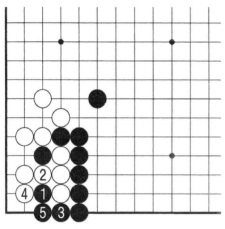

그림2 (실패)

흑❶의 붙임도 맥점에 속하나
지금은 실패이다. 백②로 물러
서지만 ④의 단수로 **그림1**보다
백집이 2집 가까이 늘어났다.

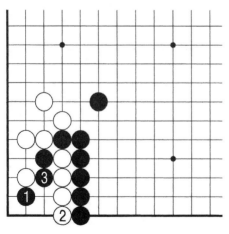

그림3 (백, 무리)

흑❶의 붙임에 백은 ②로 차
단하고 싶다. 그러나 흑❸으
로 백 넉 점을 차단하면 백은
더 이상 손을 쓸 수가 없다.

역끝내기의 요령

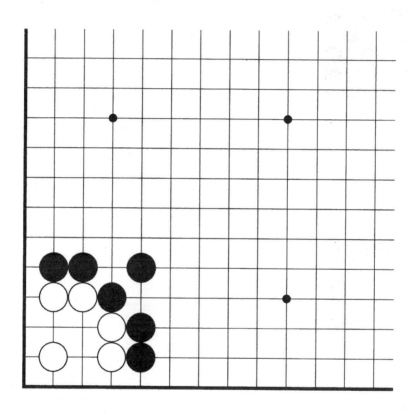

백은 양쪽을 선수로 젖혀서 이을 수 있는 모양이다. 흑은 지금이 백의 끝내기를 막을 절호의 찬스. 과연 양쪽을 다 처리할 수 있을지….

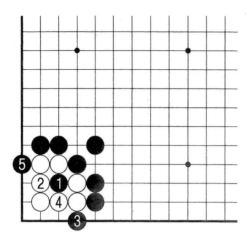

그림1 (정해)

흑❶이 재미있는 응수 타진. 백은 ②로 단수하는 것이 당연한데, 흑은 ❸을 선수하고 ❺까지 젖힐 수가 있다.

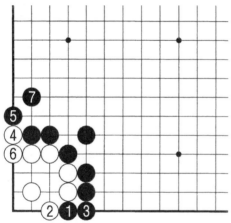

그림2 (실패)

흑❶, ❸으로 젖혀 잇는 것은 지극히 평범한 수. 백은 나머지 한쪽을 ④, ⑥으로 선수로 처리한다. 흑으로선 **그림1**보다 4집을 손해봤다.

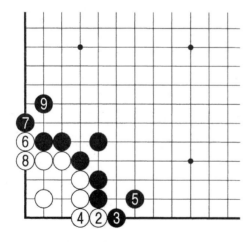

그림3 (참고)

흑이 **그림1**의 수단을 방치하면 백은 재빠르게 백②부터 흑❾까지 선수로 양쪽을 처리한다. **그림1**과는 7집 차이로 **그림1**의 흑의 수단이 역끝내기 7집, 즉 14집의 가치가 있다. (흑❶⋯손뺌)

절묘한 치중수

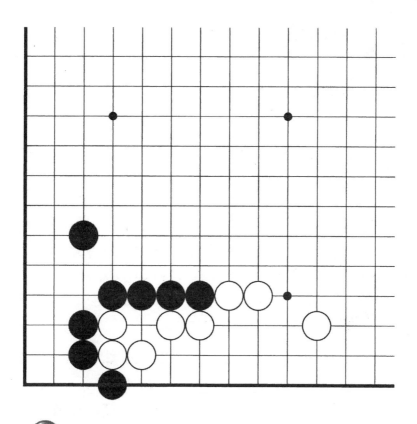

거의 마무리가 되는 모습이다. 그러나 흑에게는 통쾌한 끝내기 수단이 남아 있다. 침착하게 생각해서 백집을 최대한 줄인다.

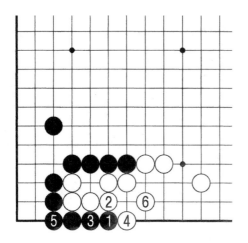

그림1 (정해)

흑❶의 치중이 침투의 맥점이다. 백②는 어쩔 수 없는 수로 흑은 ❸, ❺로 연결한다. 백은 ⑥의 가일수마저 필요하다. ⑥을 생략하면 6집을 더 당한다.

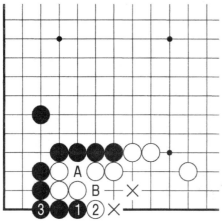

그림2 (실패)

단순히 흑❶로 젖히고 ❸으로 잇는 것은 백에게 별 영향을 주지 못한다. 흑A엔 백B로 된다고 가정하면 백집은 **그림1**에 비해 ×의 곳 2집이 늘고 선수도 차지했다.

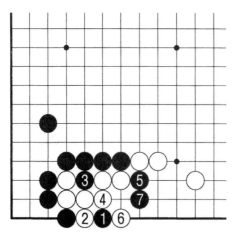

그림3 (백, 무리)

흑❶의 치중에 백이 ②로 차단하면 흑❸부터 ❼의 수단이 작렬한다. 패로는 버틸 수 있으나 백집에서 수가 나서 백이 망한 모습이다.

멋진 끝내기 수단

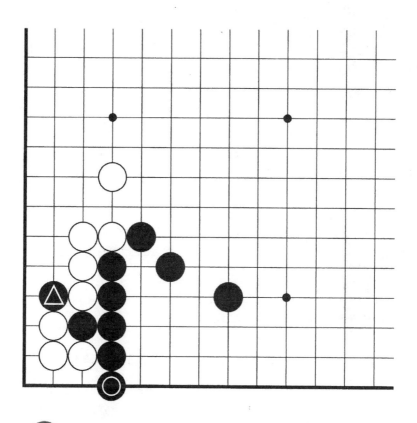

흑△와 ◉가 한 조를 이루어 멋진 끝내기 수단을 제공한다. 귀에서는 단 두 수로 패가 가능하므로 이를 이용한다.

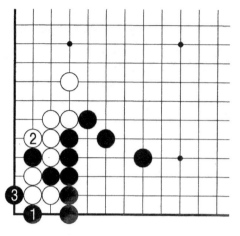

그림1 (정해)

흑❶이 '2의一'에 해당하는 맥점. 백②는 현명한 처사로 흑은 계속해서 ❸으로 젖히면서 백집을 줄인다. '2의一'이란 귀에서 이 곳이 급소가 될 확률이 높아서 생긴 명칭.

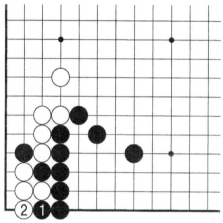

그림2 (실패)

단순히 흑❶로 미는 수는 백②로 막으면 싱겁게 끝난다. 백은 더 이상의 가일수가 필요하지 않아 **그림**1보다 5집이 많은 모습이다.

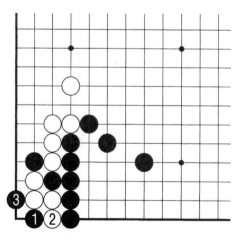

그림3 (백, 무리)

흑❶의 맥점에 백이 ②로 반발하면 흑❸으로 간단하게 패가 난다. 흑은 져도 부담이 없는 반면 백은 부담이 크다.

자충을 이용한 끝내기

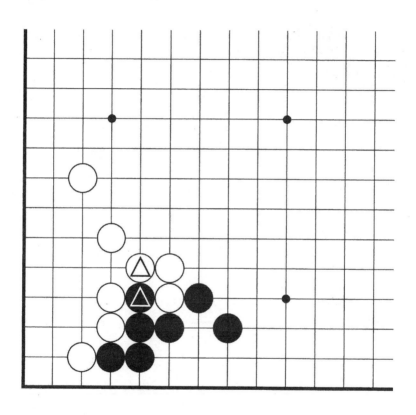

흑▲로 찔러 백⬭로 받게 한 것이 사전공작이다. 이제 흑은 백의 자충을 이용해서 귀를 폭파하는 일만 남았다.

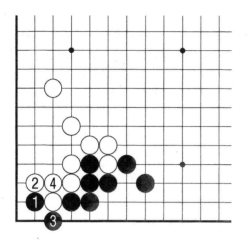

그림1 (정해)

흑❶의 껴붙임이 형태상의 급소. 백②는 어쩔 수 없는 수로 흑❸엔 백④로 이어야 한다. 흑은 선수로 백집을 상당히 줄였다.

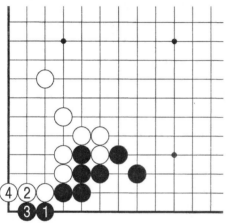

그림2 (실패)

단순히 흑❶로 젖히는 수는 백도 ②로 늘어서 집을 지킨다. 백④까지면 **그림1**보다 백집이 3집이나 늘어난 모습이다.

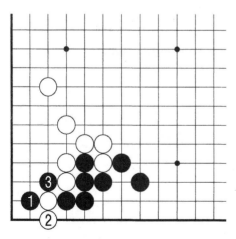

그림3 (백, 무리)

흑❶의 껴붙임에 백이 ②로 차단하는 것은 엄청난 무리이다. 흑❸으로 끊으면 대책이 없다. 장면도에서 사전공작을 한 이유이다.

귀의 급소

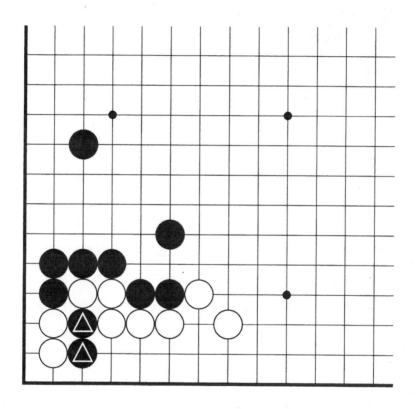

흑⚫ 두 점이 잡혀 있지만 아직 활용하는 수단이 있다. 귀의 급소는 이 곳일 확률이 높다고 앞에서 언급한 적이 있다.

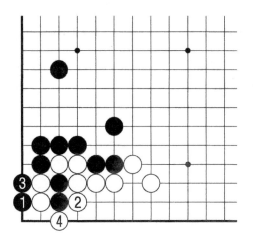

그림1 (정해)

흑❶의 '2의─'이 맥점으로 백②의 후퇴는 불가피하다. 흑❸으로 단수하며 연결하면 선수로 끝내기를 한 모습이다.

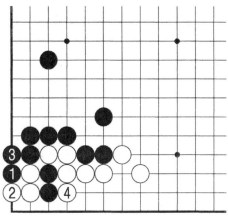

그림2 (실패)

흑❶의 젖힘에 백은 ②로 바로 막는다. 흑❸을 기다려 백 ④로 단수하면 백집이 **그림1** 보다 3집이 많아 흑으로선 실패한 모습이다.

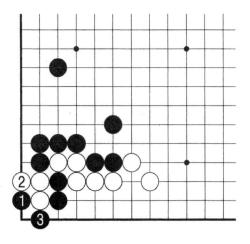

그림3 (백, 무리)

흑❶의 붙임에 백이 ②로 막으면 흑❸으로 패를 한다. 백집에서 수가 났으니 당연히 백의 부담이 커서 흑의 꽃놀이패라 할 수 있다.

자충을 활용

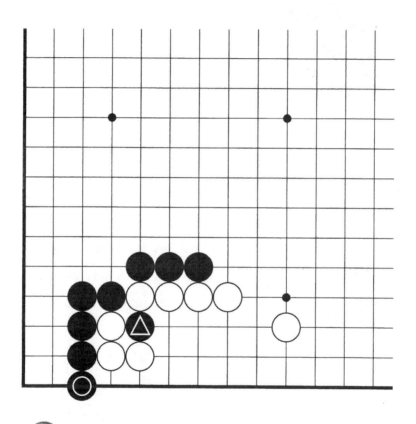

흑△와 ◉가 합작하여 끝내기를 이룬다. 백 석 점의 자충을 이용한다. 좀더 힌트를 주자면 백을 옥집으로 유도한다.

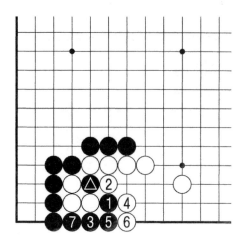

그림1 (정해)

흑❶이 백을 옥집으로 유도하는 맥점이다. 백이 ②로 따면 흑❸의 젖힘으로 자신의 연결을 돌본다. 옥집 덕택에 흑❼이면 백은 ⑧로 석 점을 이어야 한다.

(백⑧… 흑▲)

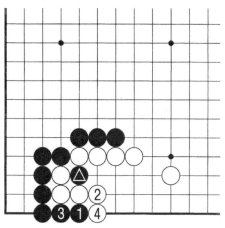

그림2 (실패)

흑❶의 붙임도 백의 자충을 이용한 맥점이다. 그러나 백②의 수비가 좋은 수로 흑❸, 백④는 당연. **그림1**보다 4집이나 많은 결과로 흑▲를 100% 활용하지 못한 모습이다.

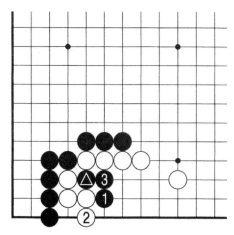

그림3 (백, 무리)

흑❶로 젖힐 때 백이 ②로 차단하려는 것은 무모한 생각. 흑❸으로 이으면 백 넉 점을 잡는다. 흑▲가 큰일을 낸 모습이다.

사석을 활용한 끝내기

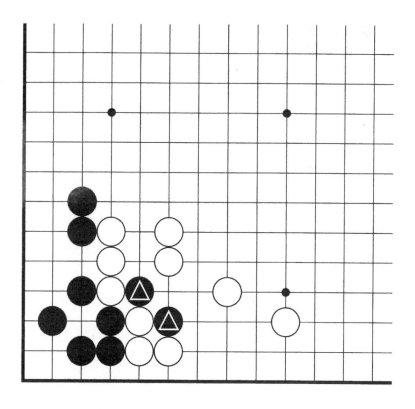

흑🔺 두 점이 목숨이 다할 때까지 흑을 돕는다. 백을 최대한 조여서 흑 두 점은 희생하더라도 백집을 그 이상 줄이면 성공이다.

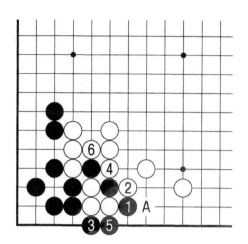

그림1 (정해)

흑❶의 젖힘이 백의 응수를 제한하는 좋은 수. 백②는 유일한 수이고, 흑은 ❸, ❺로 단수하며 넘는다. 계속해서 A로 빠지는 수도 엄청 큰 곳이다.

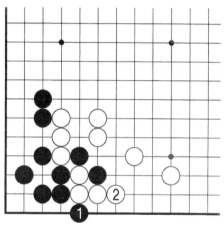

그림2 (실패)

흑❶의 젖힘에는 백②가 호수로 더 이상의 끝내기 수단이 없다. 백의 수를 조이는 방법이 잘못되었기 때문이다.

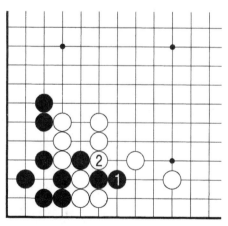

그림3 (무책)

흑❶로 뻗어서 백집을 아예 없애려는 것은 무리한 생각으로, 백이 ②로 두면 흑은 두 점을 살릴 길이 없다.

수비의 요령

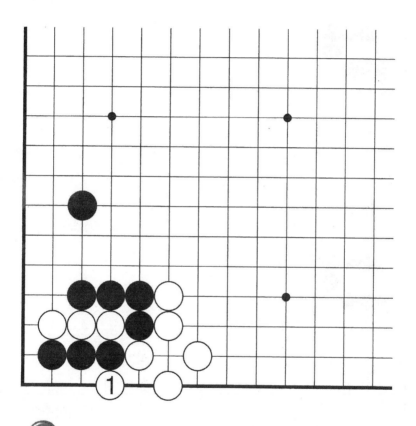

백①로 젖혀서 흑을 조여 붙이려고 한다. 잘못해서 패가
나면 흑은 망한 모습이므로, 이를 조심하고 귀를 지켜야
한다.

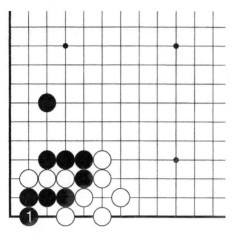

그림1 (정해)

흑❶의 빈삼각이 집을 최대한 확보하는 맥점. 백은 더 이상 흑을 조일 수가 없고, 흑은 나중에 공배가 메워지면 한 수만 보강하면 그만이다.

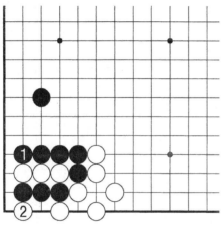

그림2 (실패)

흑❶로 백 석 점을 단수하면 백②가 흑의 자충을 이용한 맥점이다. 귀가 공배가 되어 **그림1**과는 3집 차이가 난다.

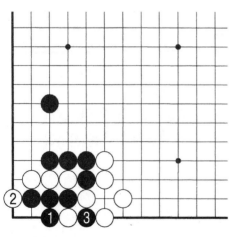

그림3 (패)

흑❶의 단수는 매우 무모한 수이다. 백은 이어주지 않고 ②로 단수하며, 패로 버티는 수단이 있다.

허술한 약점을 추궁

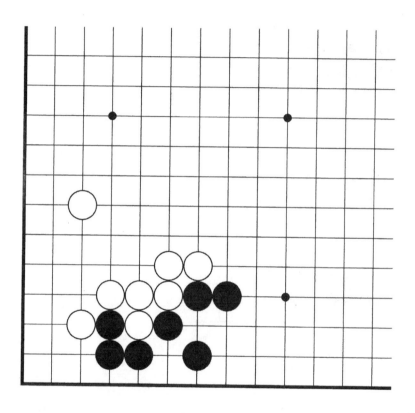

백의 귀가 상당히 허술하다. 흑에게는 귀를 자신의 집으로 만들 수 있는 맥점이 있다. 이런 모양에서 상용의 맥점이다.

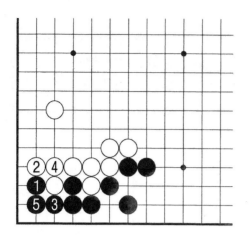

그림1 (정해)

흑❶의 껴붙임이 기막힌 맥점. 백②는 선수를 의식한 수로 흑은 ❸으로 단수하고 ❺로 잇는다. 이후에 젖혀 잇는 끝내기도 선수이다.

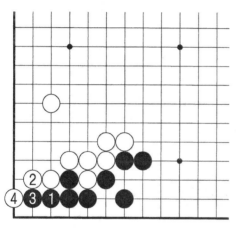

그림2 (실패)

흑❶로 밀면 백②로 늘어야 한다. 흑❸으로 한번 더 밀면 백은 ④로 젖힐 수가 있어서 그림1과는 8집이나 차이가 난다.

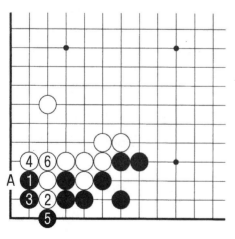

그림3 (변화)

흑❶의 붙임에 백은 ②로 나가고 싶은 자리이나 백⑥까지 후수가 된다. 이후에 흑은 A로 내려서는 수가 8집의 가치가 있는 큰 자리이다.

이후 변화를 고려한 응수

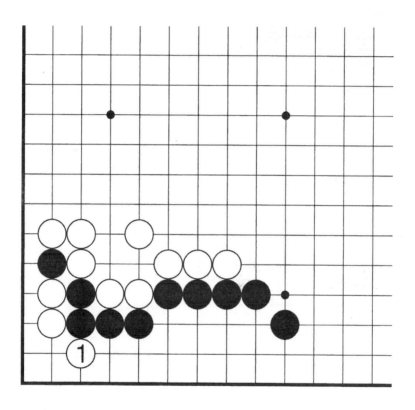

실전에서는 놓치기 쉬운 형태이다. 백이 ①로 젖혀서 흑이 막기를 바란다. 흑은 눈앞의 변화보다는 그 이후의 끝내기에 신경을 써야 한다.

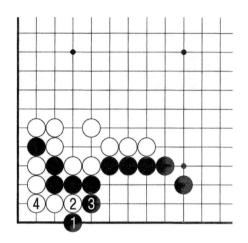

그림1 (정해)

흑❶의 한 칸 뜀이 자신의 모양을 정비하는 동시에 백의 약점도 노리고 있다. 백은 ②로 찌르고 ④로 잇는 정도이다.

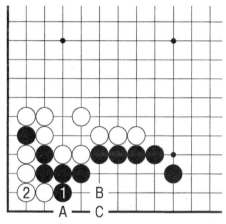

그림2 (실패)

흑❶로 손이 나가기 쉬운 곳이다. 백은 ②로 잇고 다음 끝내기를 본다. 흑이 손을 빼면 백A, 흑B, 백C가 선수로 흑집을 줄이는 큰 끝내기가 남는다.

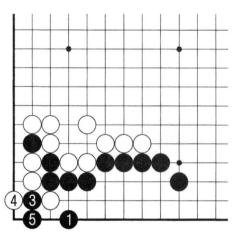

그림3 (참고)

흑이 ❶로 한 칸 뛰었을 때 백이 선수를 뽑자고 손을 빼면 흑❸의 끊음이 성립한다. 백④로 단수해도 흑❺로 늘면 그만이다.

(백②… 손뺌)

후수의 선수

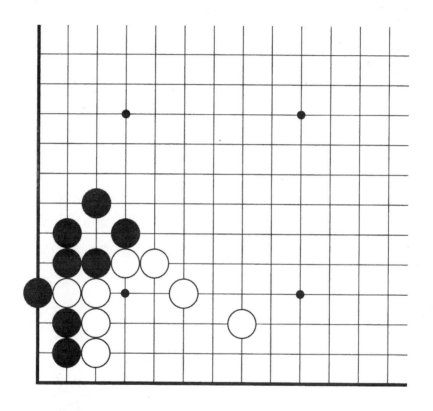

'후수의 선수'란 말이 있다. 이 말의 의미는 후수라도 다음의 노림수가 커서 선수와 같은 역할을 한다는 뜻이다. 흑은 이 경우 어떻게 응수하는 것이 최선일까?

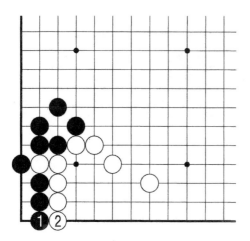

그림1 (정해)

흑❶로 빠져서 집을 내는 것
이 정수이다. 일견 후수처럼
보이지만 백은 ②로 받는 수
가 역끝내기 7집으로 14집의
가치가 있는 수로 손빼기가 어
렵다.

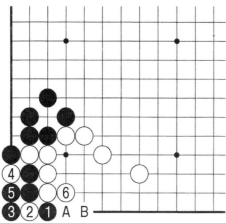

그림2 (실패)

흑❶로 젖히면 **그림1**보다 이
득으로 보이나 백②로 먹여치
는 수가 준비되어 있다. 흑❸
엔 백④로 먹여치고 ⑥으로
는다. 이후 흑A는 백B로 촉촉
수가 된다.

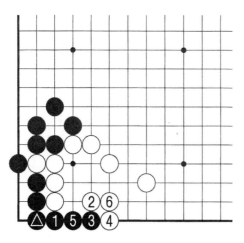

그림3 (변화)

흑▲로 두었을 때 백이 손을
뺀 장면이다. 흑❶부터 백⑥
까지는 이런 정도로 백은 손을
빼기가 어렵다. 흑▲가 선수
나 다름없음을 알 수 있다.

빅을 내는 방법

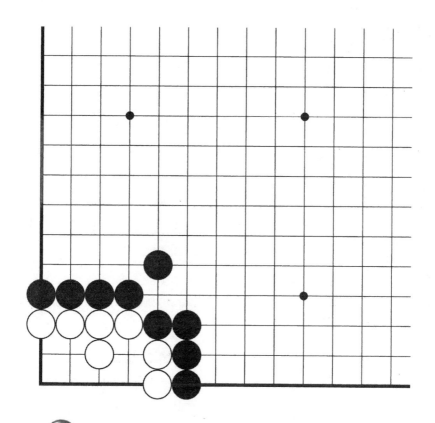

백집을 7집이라고 생각하면 큰 오산. 과연 흑은 백을 몇 집 까지 줄일 수가 있을까? 빅을 내야 하지만 손해가 없도록 한다.

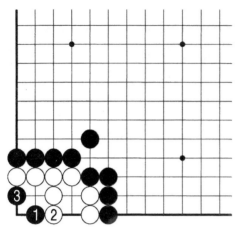

그림1 (정해)

흑**❶**의 치중은 귀에 대한 맥점. 백은 ②로 집을 내야 하는데, 흑**❸**으로 같이 집을 내면 이 상태로 빅이 되어 백집은 0집이 된다.

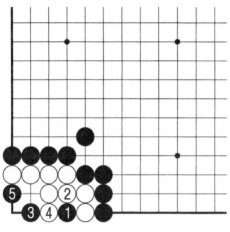

그림2 (실패)

흑은 확실하게 수를 낸다고 **❶**을 선수하는 경우가 있다. 흑**❺**까지는 **그림1**과 같으나 흑 한 점이 죽어서 1집 손해이다.

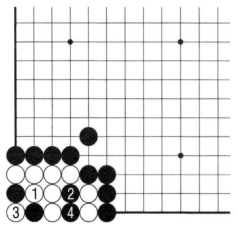

그림3 (참고)

그림1에 이어 백은 ①로 단수해서 흑을 잡을 수는 있다. 그러나 흑도 **❷**로 단수해서 백 두 점을 잡으면 서로 4집이 나서 득이 없는 결과이다.

선, 후수를 고려한 끝내기

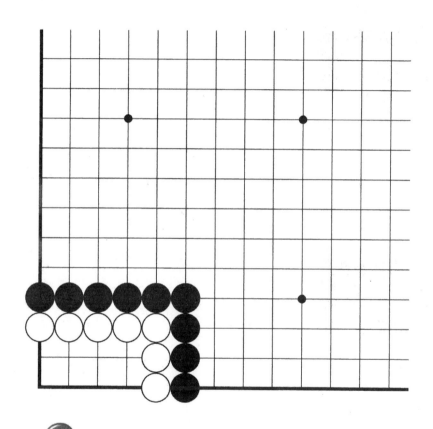

백의 궁도가 넓으나 수가 난다. 수는 여러 곳에서 나는 모양이나 결과는 전혀 다르다. 선, 후수를 따지고 백의 반발도 고려해야 한다.

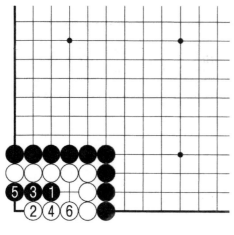

그림1 (정해)

흑❶이 묘한 맥점으로 백②는 이런 정도의 곳이다. 흑❸으로 찌를 때 백④는 패를 피한 수로 백⑥까지면 흑은 선수로 빅을 낸 모습이다.

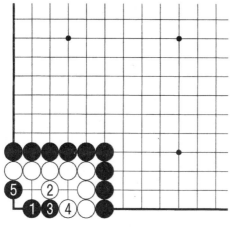

그림2 (실패)

흑❶의 치중도 맥점이다. 백은 ②로 1집을 내는 것이 좋은 수로 흑❺까지면 흑은 빅은 냈으나 후수라서 **그림1**보다 못한 결과이다.

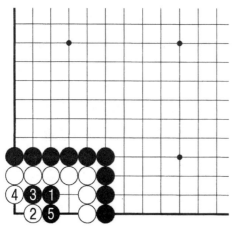

그림3 (변화)

흑❶, ❸ 때 백이 선수를 뽑으려면 ④로 두는 수가 있다. 흑❺면 만년패가 되는데, 백의 덩어리가 커서 약간은 부담이 된다. 그러나 백이 이처럼 버틸 수도 있음을 기억해야 한다.

유사형 끝내기

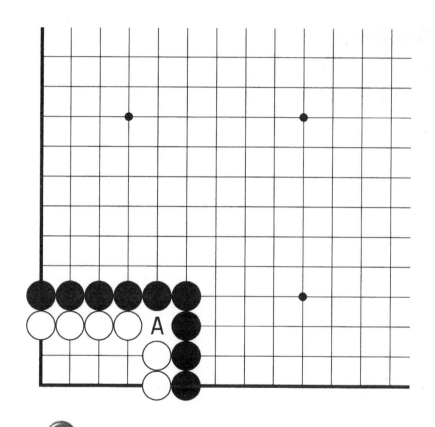

A

🌑 〔36형〕과 비슷하나 A에 백돌이 없는 점이 다르다. 맥점도
전혀 다르므로 수읽기를 잘 해야 한다. 백의 약점을 만드는
것이 중요하다.

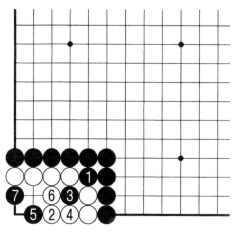

그림1 (정해)

흑❶로 차분하게 백의 응수를 묻는 수가 재미있는 수이다. 백②는 모양이고 흑은 ❸으로 단수하고 ❺, ❼로 빅을 낸다. 백은 한 점을 먹었으니 1집을 낸 모습이다.

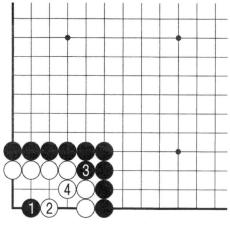

그림2 (실패)

흑❶이 귀에서의 급소이기는 하나 지금은 예외. 백②가 호착으로 흑❸에는 백④로 집을 내는 것이 중요하다. 흑은 **그림1**에 비해 6집이나 손해를 보았다.

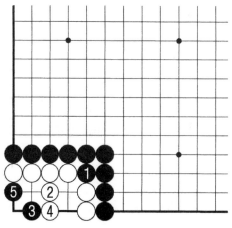

그림3 (백의 실수)

흑❶에 백②로 두는 것은 앞에서 나온 형태로 흑❺까지 빅이 되어서 백으로선 **그림1**보다 1집 손해가 된다.

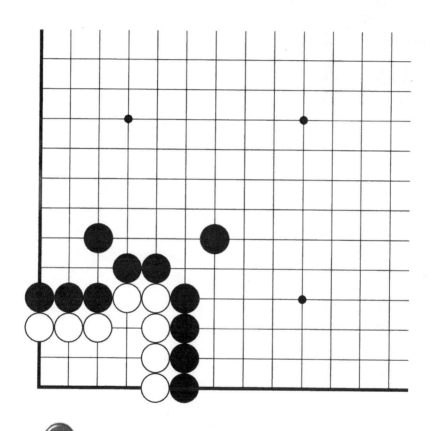

백집이 넓어 보이나 치명적인 약점이 있다. 백을 옥집 모양으로 만드는 것이 해결의 열쇠이다. 그래야 백이 자충이 되어 싸울 수가 있다.

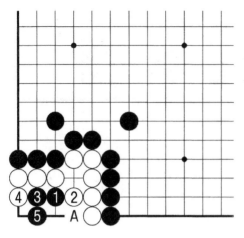

그림1(정해)

흑❶의 붙임이 맥점으로 백②
는 이런 정도. 흑은 ❸, ❺가
좋은 수로 백은 패를 면하기
위해서는 A로 한 수 더 두어
야 한다. 손빼면 흑A로 패.

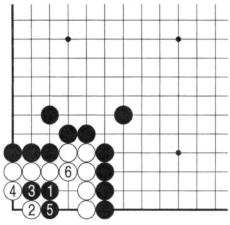

그림2(변화)

흑❶에는 백②도 생각되는 자
리이다. 흑❺엔 백⑥이 정수
로 만년패가 된다. 그러나 **그
림1**처럼 빅을 내는 것보다는
손해이다.

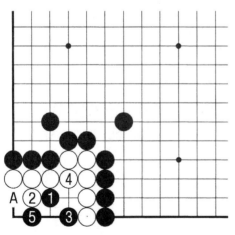

그림3(패)

흑❶에 백②는 큰 실수이다.
흑❸이 기분 좋은 선수이고
흑❺로 젖히면 흑은 언제라도
A로 패를 감행할 수가 있다.
백은 5궁도가 되어 A로 둘 수
가 없다.

두 가지 끝내기 요령

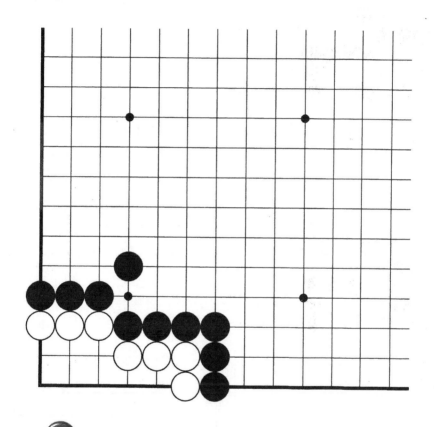

이런 모양에서도 수가 날까 생각되지만 백에게 한 점을 주고 빅을 내는 수단이 있다. 두 가지 방법이 있으나 결과는 같다.

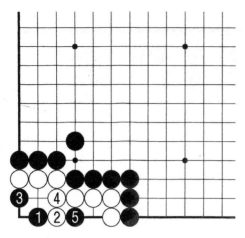

그림1 (정해1)

흑❶이 맥점으로 백은 ②로 집을 내는 정도이나 흑❸을 선수하고 ❺면 빅의 형태이다. 백은 흑 한 점을 따먹는 정도가 고작이다.

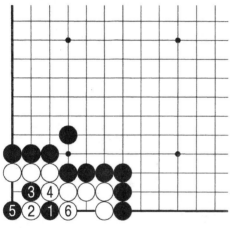

그림2 (실패)

흑❶의 치중은 잘못된 수로 백②가 이를 응징하는 좋은 수이다. 흑❸, ❺에는 백④, ⑥으로 유가무가의 형태로 백은 흑을 잡고 살아 있다.

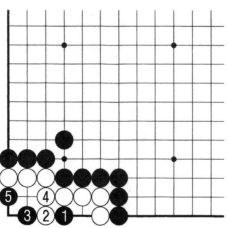

그림3 (정해 2)

흑❶의 붙임도 성립한다. 백은 ②로 두는 정도인데, 흑❸으로 단수하고 흑❺로 집을 내면 **그림1**과 같은 결과이다.

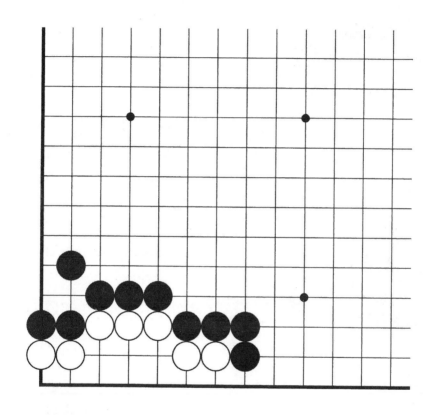

이런 모양에서도 상용의 맥점이 있다. 격언에 '석 점의 중앙에 급소가 있다.'고 한다. 과연 그 효과는 있는 것일까?

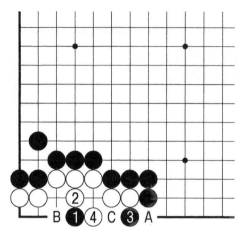

그림1 (정해)

흑❶의 치중이 격언을 활용한 수로 백도 ②가 정수이다. 흑 ❸으로 젖히면 백④로 잡아서 별게 없어 보이지만 흑A, 백 B, 흑C의 수단이 있는 만큼 이득이 된다.

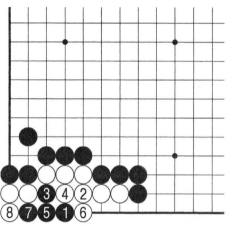

그림2 (백, 무리)

흑❶의 치중에 백이 ②로 잇고 버티는 수는 무리이다. 흑 ❸부터의 수단이 교묘한 수법으로 백은 ⑧로 흑 녁 점을 잡아 문제가 없어 보이지만…

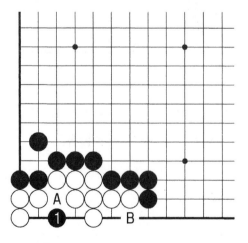

그림3 (계속)

앞 그림에 이어 흑은 ❶로 치중한다. 이 모양은 흑A와 B가 맞보기라서 백은 살 수가 없다. **그림1**의 백②만이 백을 살릴 수가 있다.

제2장

끝내기

중급편

삶의 방법

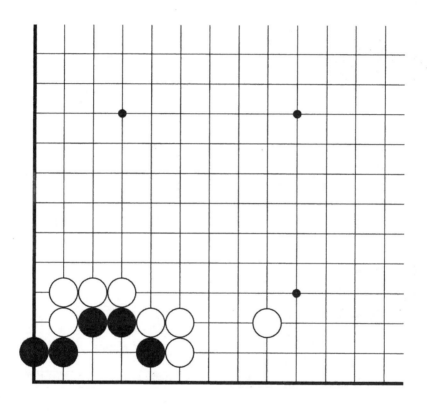

사는 데는 지장이 없으나 얼마나 크게 사느냐가 문제이다.
때로는 하수의 수법인 듯한 수가 좋을 때도 있다.

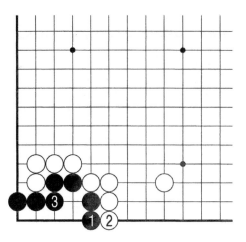

그림1 (정해)

흑❶이 생각하기 어려운 수로 일종의 맹점이다. 백②에는 흑❸으로 5집이나 내면서 살 았다.

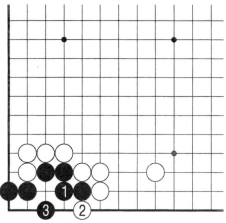

그림2 (실패)

흑❶로 잇기 쉬운 곳이나 백②로 젖히면 흑은 ❸으로 살 아야 한다. 흑집이 3집으로 **그림1**보다 2집 손해임을 알 수 있다.

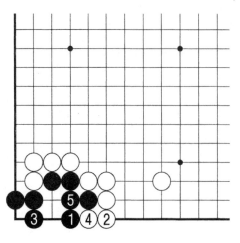

그림3 (실패)

흑❶의 호구도 생각되나 백②가 선수로 흑❸이 불가피하다. 흑❺까지 앞 그림과 마찬가지로 흑집은 3집에 불과하다.

역끝내기 찬스

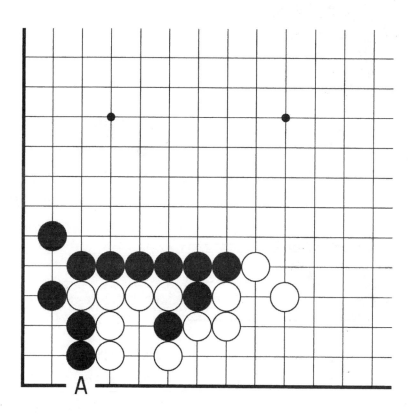

A

백이 A로 젖히면 흑은 상당히 당하게 된다. 흑은 지금이
찬스로 이 곳을 정리하려 한다. 백이 버티면 선수로 처리
하고 물러서서 이득을 취한다.

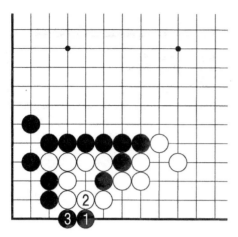

그림1 (정해)

흑❶의 치중이 절묘한 맥점으로 백은 선수를 잡기 위해서는 ②로 두어야 한다. 흑❸으로 이으면 그냥 젖힐 때보다 이득이다.

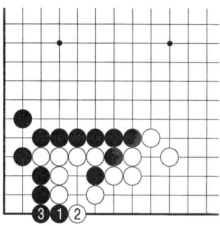

그림2 (실패)

흑❶로 젖히는 것은 생각이 모자란 수. 백이 ②로 단수하면 흑❸으로 이어서 상황 종료인데, **그림1**보다 2집 손해이다.

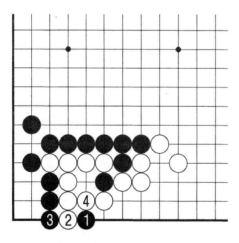

그림3 (변화)

흑❶의 치중에 백이 ②로 막는 수는 좋지 않다. 흑❸이 선수가 되어 백④가 필요하다. **그림1**보다 3집이 많으나, 후수라서 이득이라고 할 수가 없다.

사석을 죽이는 방법

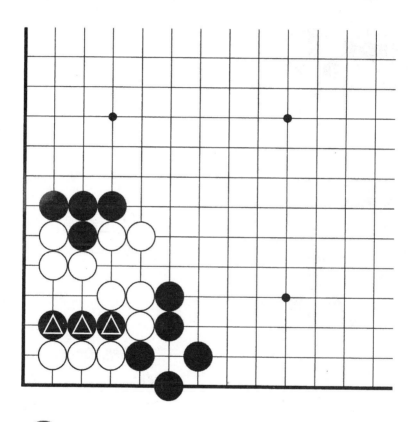

흑△ 석 점이 한 수 차이로 죽은 모양이다. 흑으로서는 잡힌 돌들을 끝내기에 이용해야 한다. 백이 놓고 따먹게 하면 성공이다.

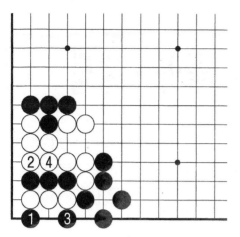

그림1 (정해)

흑❶의 붙임이 귀에서의 급소로 백은 ②로 뒤에서 수를 조이는 수밖에 없다. 흑❸엔 백④도 꼭 두어야 할 점으로 흑은 백집을 상당히 줄였다.

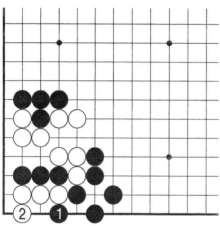

그림2 (실패)

흑❶의 젖힘도 같다고 생각하면 오산이다. 백②가 맥점으로 백은 두 수만 가일수를 하면 된다. **그림1**보다 백집이 3집이 많은 모양이다.

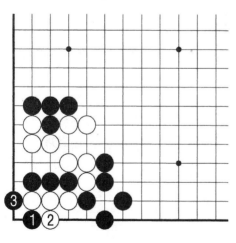

그림3 (백, 무리)

흑❶의 맥점에 백이 ②로 반발하는 것은 무리. 흑❸이면 간단하게 패가 나서 백은 이에 상응하는 대가를 치러야 한다.

선수 끝내기

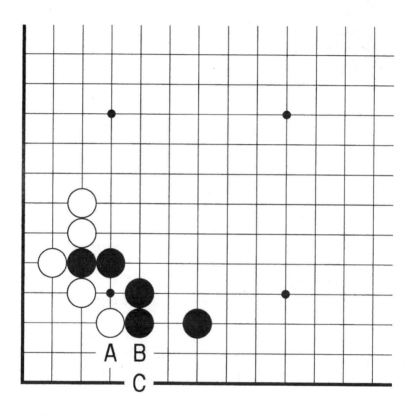

A B
C

흑이 이 곳을 방치하면 백A, 흑B, 백C로 선수를 당하게 된다. 흑은 백의 귀를 잠식할 수 있는 수단이 있으므로 늦지 않게 서둘러야 한다.

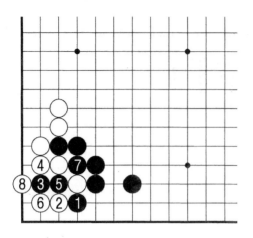

그림1 (정해)

흑❶로 젖히고 ❸으로 치중하는 것이 정해. 백도 ④부터 ⑧까지가 최선의 방어로 귀를 지키고 있다. 흑은 선수로 처리해서 만족한다.

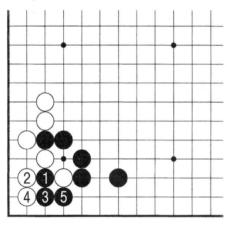

그림2 (실패)

흑❶의 붙임도 상당한 맥점이다. 백②, ④는 어쩔 수가 없고 흑은 ❺까지 상당한 전과를 올렸으나 후수인 점이 불만이다. **그림1**보다는 4집 정도 이득이나 후수라서 좋다고 할 수가 없다.

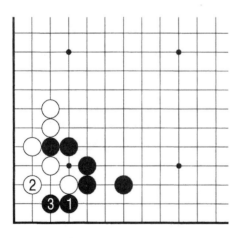

그림3 (변화)

흑❶의 젖힘에 백②가 모양으로 선수는 취할 수 있다. 그러나 흑❸으로 빠지면 다음 끝내기가 커서 손을 빼기 어렵다. 흑으로선 흑❸으로 먼저 치중하고 ❶로 젖혀서 **그림1**로 환원시킬 수도 있다.

돌을 살리는 방법

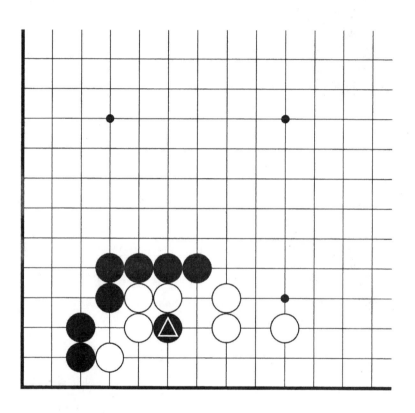

흑⚫ 한 점이 백의 수중에 들어가서 폐석이 된 듯하나 살려낼 수가 있다. 이전에 나온 형태의 변형이므로 잘 생각해서 풀어 본다.

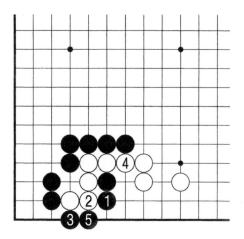

그림1 (정해)

일단 흑❶로 내려서서 수를 늘린다. 백②의 차단은 당연한데, 흑❸이 쉬워 보이지만 맥점으로 흑❺까지 흑을 살려내며 백집을 상당히 도려냈다.

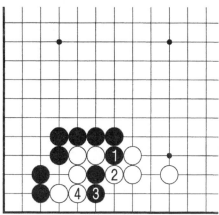

그림2 (실패)

흑❶로 백을 먼저 차단하는 것은 의문. 흑도 자충이 되어 백④까지의 진행이면 흑이 한 수 부족인 형태. 이후 백을 조이는 것은 끝내기로서 별 효과가 없다.

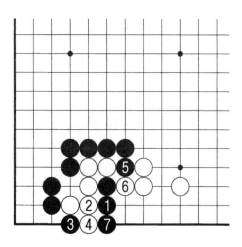

그림3 (백, 무리)

흑❶을 선수하고 ❸으로 젖힐 때 백은 ④로 차단하고 싶다. 그러나 흑❺로 백을 끊고 ❼로 단수하면 오히려 백이 죽게 된다.

초급 응용형 끝내기

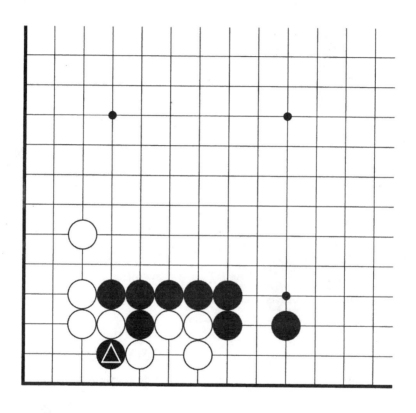

이 문제도 초급편에서 다루었던 형태의 변형이다. 흑⬣
를 놓고 따먹게 함은 물론, 흑돌은 더 이상의 피해가 없
어야 한다.

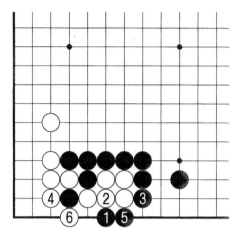

그림1 (정해)

흑❶의 치중이 맥점으로 백은 ②로 이어야 한다. 흑❸, ❺로 뒤에서 수를 조이면 아무런 피해 없이 목적을 달성할 수 있다.

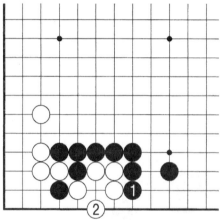

그림2 (실패)

백의 침투가 두려워 흑❶을 서두르면 상당한 손해이다. 백②가 급소로 유가무가가 되어서는 이후 보강이 필요 없게 된다. 흑은 **그림1**보다 4집이 손해이다.

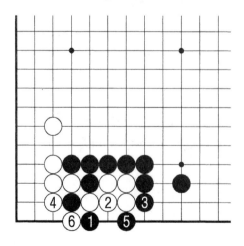

그림3 (실패)

흑❶의 단수는 쉽게 둘 수 있는 수. 이후 흑❸, ❺로 조여붙일 수는 있지만 흑❶의 한 점을 살릴 수가 없다. 이것이 **그림1**과의 차이로 흑은 2집 손해이다.

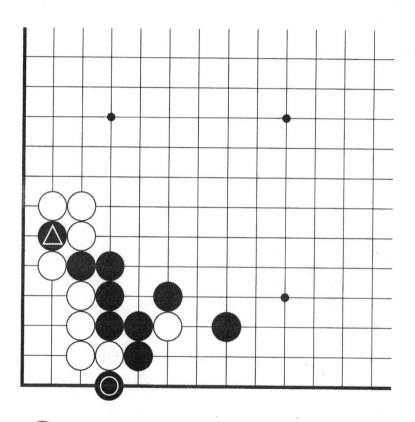

흑▲와 ◉을 활용해서 귀의 백집을 공배로 변환시키는 상용의 수단이 있다. 셋째 수에 유의하여 풀어 본다.

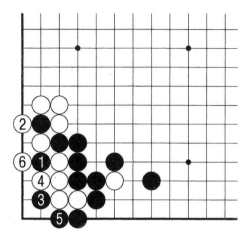

그림1 (정해)

일단은 흑❶로 단수할 곳이
다. 그리고 이어지는 흑❸이
맥점으로 백⑥까지는 어쩔 수
없는 진행이다. 흑은 선수로
백집을 줄일 수 있다.

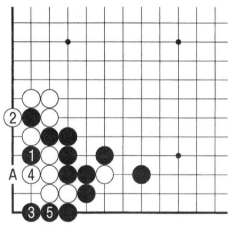

그림2 (실패)

흑❶로 단수하고 흑❸의 치중
도 생각할 수 있다. 백④는 정
수이고 흑은 ❺로 넘는다. A
의 끝내기가 남아서 **그림**1보
다 한 집 반 정도 득이지만 후
수라서 실패이다.

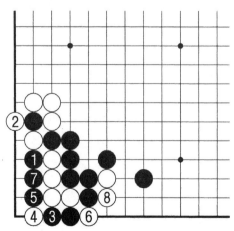

그림3 (변화)

흑❶, 백② 때 흑❸으로 밀어
도 같은 결과라고 생각하면 안
된다. 백④가 강수로 흑❼까
지는 필연인데, 백⑧로 수를
늘리면 백이 한 수 빠르다.

중반전의 정석

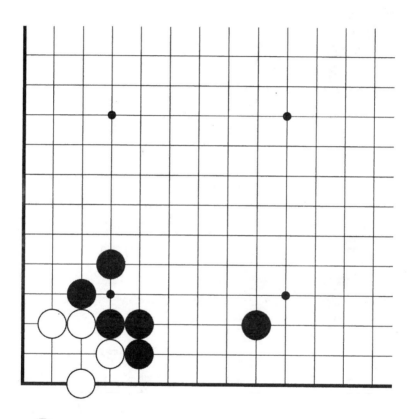

이 모양은 중반전의 정석 중 하나이다. 당연히 실전에도 자주 등장한다. 문제는 이후 끝내기로 실전에서 잘못 두는 경우가 많다.

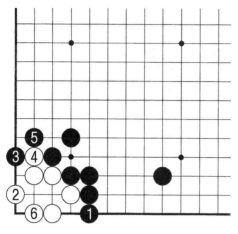

그림1 (정해)

흑❶의 내려섬이 정수로 백은 ②가 유일한 삶의 수단이다. 흑❸이 또한 좋은 수로 백⑥까지면 백은 딱 2집 내고 산 모양이다.

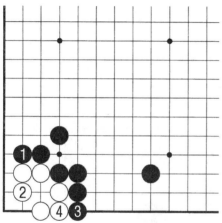

그림2 (실패)

흑❶로 두는 경우가 많은데 이는 실수. 백④까지는 필연으로 흑집은 **그림1**과 같은데, 백집이 4집으로 **그림1**보다 2집이 늘었다.

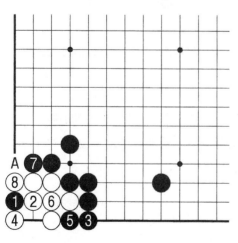

그림3 (무리)

흑❶의 치중은 일견 맥점이다. 백②는 당연하고 흑은 ❸으로 사활을 묻는데, 백④가 좋은 수로 백⑧까지 3집을 내고 산다. 그러나 백A의 선수 끝내기가 남아서 흑은 상당한 손해이다.

반발 기회를 차단

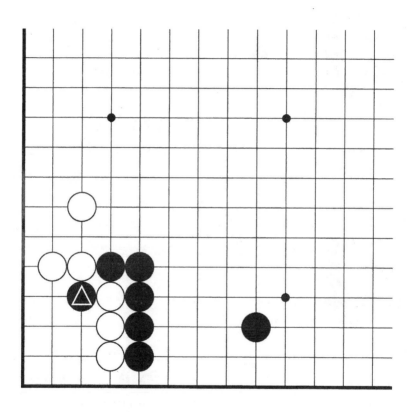

흑⬤를 활용해서 귀에서 마술을 부리는 문제. 그러나 쉽게 생각해선 백도 패로 버틸지 모른다. 백에게 반발하는 기회를 주어서는 안 된다.

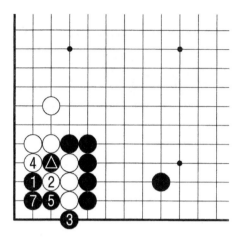

그림1 (정해)

흑❶이 백을 옥집과 우형으로 유도하는 맥점. 백②는 이 한 수이고, 흑은 ❸부터 ❼까지 귀를 흑집으로 바꿔 놓는다. 수순 중 백은 반발할 기회가 없다.

(백⑥…흑△)

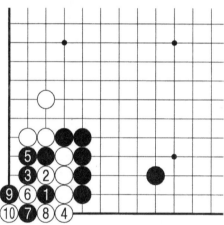

그림2 (반발)

흑❶의 붙임도 맥점으로 백②는 당연. 흑은 ❸으로 젖혀야 **그림1**처럼 되는데, 백④가 버팀수로 이하 흑❾까지는 상용 수단으로 패가 난다. 실전이라면 팻감이 승부를 가른다.

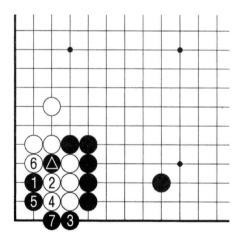

그림3 (백의 실수)

흑❶, ❸에 백이 집을 내줄 수가 없다고 ④로 나오는 수는 좋지 않다. 흑❺, ❼이면 백⑧로 이어야 하는데, 백의 후수라서 **그림1**보다 나쁘다.

(백⑧…흑△)

기교 있는 응수법

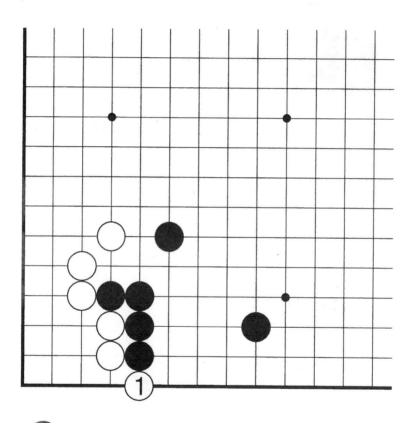

백이 ①로 젖혀서 선수로 끝내기를 하려고 한다. 흑은 당연히 막아야 할 자리이나 약간의 기교로 득을 볼 수가 있다.

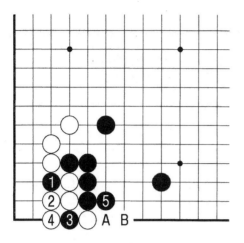

그림1 (정해)

흑❶로 끊어 백②와 교환하는 것이 좋은 수이다. 흑❸으로 먹여치고 ❺로 늘면 정답이다. 백A는 흑B로 백은 ③에 이을 수가 없다. 백이 이으면 흑은 ❶의 한 점을 끌어낼 수를 낸다.

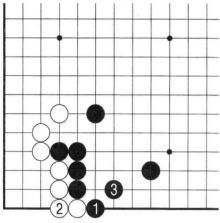

그림2 (실패)

흑❶로 막으면 ❸까지가 정형이다. 이 수순이 그림1보다 손해인가를 생각해야 한다. 흑집은 그림1과 같은데, 백집은 그림1보다 1집 약간 더 많다.

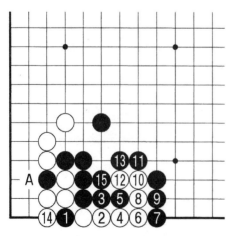

그림3 (변화)

흑❶에 백이 ②로 나온 변화이다. 흑⓯까지 계속 단수를 하면 백은 ①로 이을 수가 있어야 하는데, 그러면 흑A로 백은 전멸하게 된다.

기민한 응수 타진

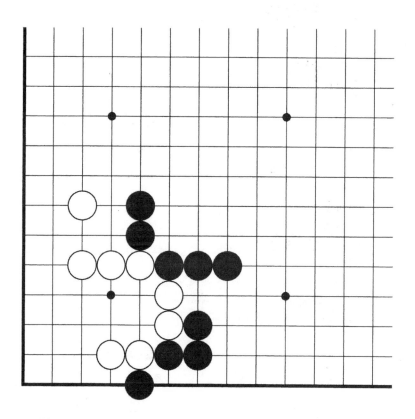

흑은 선수 끝내기가 보장된 곳으로 두 집을 이득볼 수 있는 수단이 있다. 끝내기에 앞서 백의 동태를 묻는 것이 재미있다.

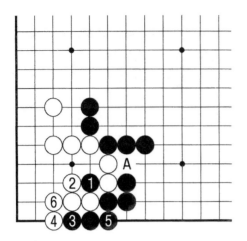

그림1 (정해)

흑❶로 끊어서 백의 응수를 물어 보는 수가 맥점이다. 백 ②는 정수로, 흑은 ❺까지 선수로 끝내기를 한다. 이후 A 는 흑의 권리가 된다.

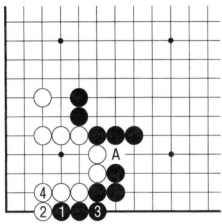

그림2 (실패)

흑❶부터 백④까지 단순히 끝내기한 장면이다. 이제는 A가 백의 권리가 됨을 알 수 있다. 백집이 1집 늘고 흑집 이 1집 줄어 **그림1**보다 2집 이 손해이다.

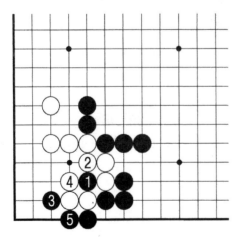

그림3 (백, 무리)

흑❶의 끊음에 백이 ②로 단수하면 문제가 발생한다. 흑❸ 의 붙임이 앞에서도 나왔던 맥 점으로 흑❺까지 백은 빈대를 잡으려다 초가삼간을 태운 꼴 이다.

선수 끝내기를 방비

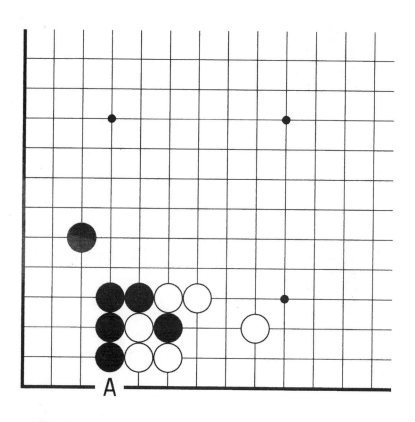

A

백이 A로 젖히는 끝내기는 선수이다. 흑은 이를 방비하고자 하나 단순한 후수로 할 수는 없다. 흑도 선수를 뽑도록 수단을 강구해야 한다.

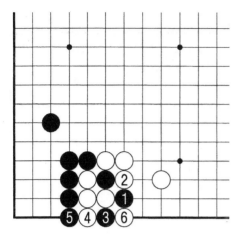

그림1 (정해)

흑❶의 젖힘이 사석을 활용하는 수단으로 백②는 당연한 수. 이어 흑❸으로 젖히는 수가 좋은 수로 백④엔 흑❺가 선수가 되어 백의 끝내기를 선수로 방비했다.

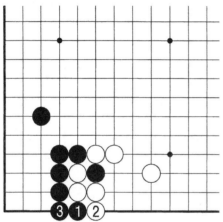

그림2 (실패)

흑❶, ❸으로 젖히고 이으면 간단하다. 그러나 후수라서 불만이다. **그림1**과의 집 차이도 1집밖에 나지 않는다. 1집과 선수를 바꾼 모습이다.

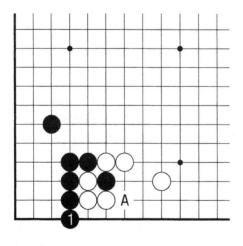

그림3 (준정해)

흑❶의 내려섬도 거의 정답과 같다. 백이 손을 빼면 흑A가 커서 손빼기가 어렵다. 준정해라 함은 백이 손을 빼었을 경우에 **그림1**보다 못하나 실전이라면 백이 손빼기 어렵다.

약점을 고려한 끝내기

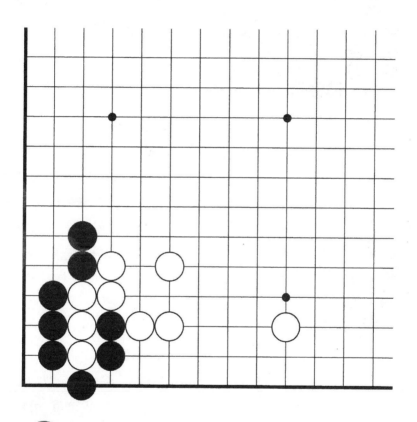

흑의 모양도 약한 모습이라 눈목자로 끝내기하기는 어렵다. 그러나 그와 같은 효과를 낼 수 있는 수단이 있다.

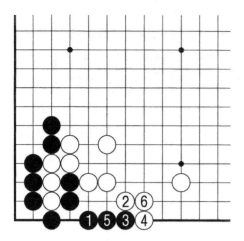

그림1 (정해)

흑❶의 마늘모가 느린 듯하지만 백은 ②로 물러서야 한다. 흑❸, ❺가 선수 끝내기로 결과는 눈목자로 끝내기한 것과 같은 결과이다.

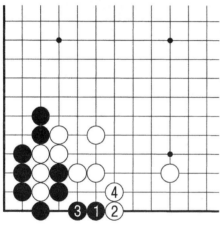

그림2 (실패)

흑❶의 날일자도 생각되는 자리이다. 그러나 백②로 강하게 막는 수가 좋아서 흑은 ❸으로 늘어야 한다. 백④까지는 **그림1**보다 백집이 2집 많은 결과이다.

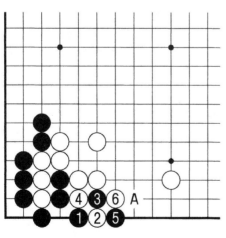

그림3 (패)

흑❶의 마늘모에 백도 ②로 반발할 수 있다. 백⑥ 이후 흑이 A로 젖히면 패인데, 흑보다는 백의 부담이 커서 백으로선 **그림1**을 따르는 것이 무난하다.

기민한 역끝내기

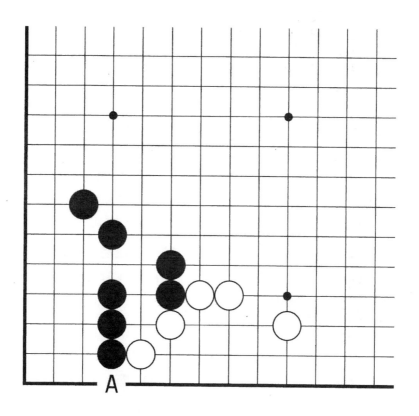

A

백A의 선수 끝내기를 역으로 해치우려는 문제이다. 일단
은 치중을 해서 백의 응수를 보는 것이 좋은 작전이다.

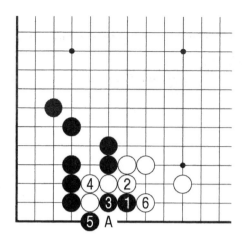

그림1 (정해)

흑❶로 치중하는 수가 맥점이다. 백이 ②로 이으면 흑❸, ❺로 건넌다. 백⑥은 생략하기 어려운 곳으로, 흑은 손을 빼거나 A로 둔다. A는 6집이 약간 강한 곳이다.

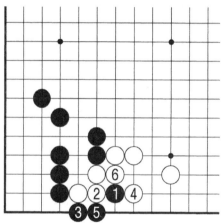

그림2 (변화)

흑❶의 치중에 백이 ②로 두는 변화이다. 백⑥까지는 이런 정도의 곳으로 역시 흑의 선수이다. 백은 흑 한 점을 따는 것이 나중에는 선수가 될 공산이 커서 그림1보다 약간 낫다.

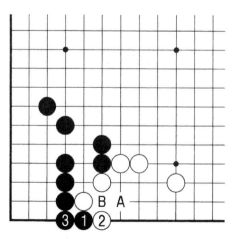

그림3 (실패)

흑❶, ❸으로 젖혀 이어도 다음 A의 수가 남아서 선수라 할 수도 있다. 그러나 백은 손을 뺄 수도 있고, 백B로 받아도 그림2보다 2집이 많은 모양이다.

죽은 돌을 활용하는 방법

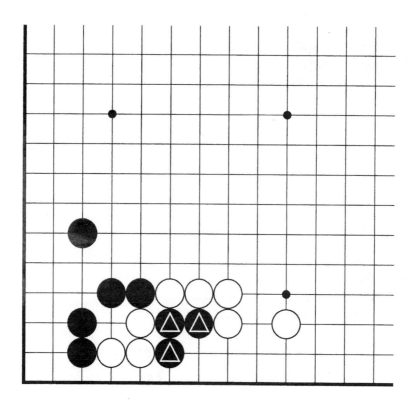

흑⬤ 석 점이 우형으로 죽은 목숨이다. 그러나 아직은 제 몫을 할 기회가 있다. 백이 바로 수를 메우지 못하게 하는 것이 요령이다.

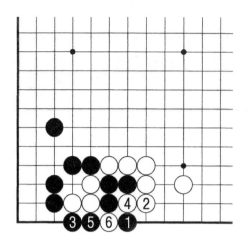

그림1 (정해)

흑▲의 마늘모가 맥점으로 백은 ②로 두어야 한다. 흑❸, ❺가 좋은 수순으로 백은 ④, ⑥으로 흑 석 점을 딸 수밖에 없다.

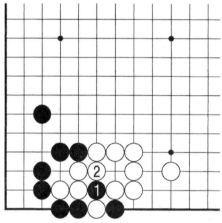

그림2 (계속)

앞 그림에 이어 흑은 ▲로 한 점을 따고 백은 ②로 잇는다. 흑은 여기서 손을 빼도 충분히 활용한 모습이다.

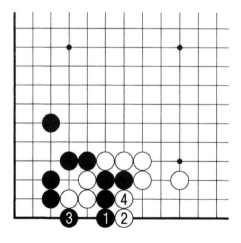

그림3 (실패)

흑❶로 빠지는 수가 맥점으로 보인다. 그러나 백②가 준비된 수로 흑은 수상전에서 이길 수가 없다. 흑❸엔 백④로 그림2보다 3집 이상은 확실히 손해이다.

변화를 간직한 끝내기

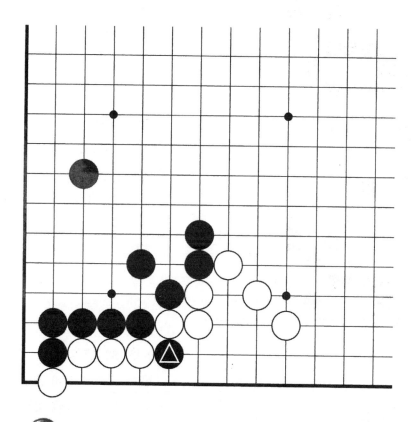

흑△ 한 점이 많은 변화를 내포하고 있다. 백이 버티면 실전에서는 구경하기 힘든 후절수의 맥이 등장한다.

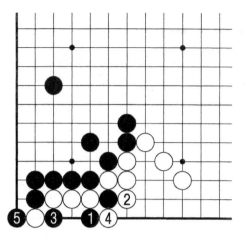

그림1 (정해)

흑❶의 젖힘이 급소로 백②는 정수이다. 흑❸으로 먹여치는 수가 맥점으로 백은 ④로 딸 수밖에 없고, 흑은 ❺로 백 한 점을 잡는다.

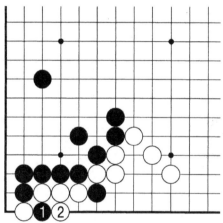

그림2 (실패)

흑❶로 먹여치는 수도 끝내기 수법으로 선수 1집 정도 된다. 그러나 **그림1**의 수단을 남겨 놓는 것이 약간 낫다.

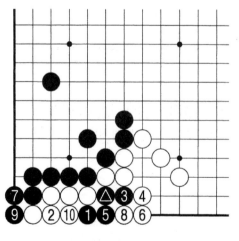

그림3 (백, 무리)

흑❶의 젖힘에 백이 ②로 반발한 모습이다. 흑❸, ❺가 후절수를 만드는 맥점으로 백⑩까지는 필연인데, 흑⑪로 백 여섯 점이 죽는다.
(흑⑪… 흑▲)

꽃놀이패

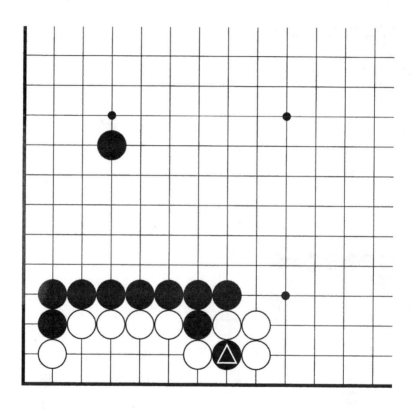

흑▲ 한 점이 죽으면서도 백의 약점을 노리고 있다. 변의
끊는 수와 귀의 끊는 수가 조합을 이루어 흑에게 멋진 수
를 제공한다.

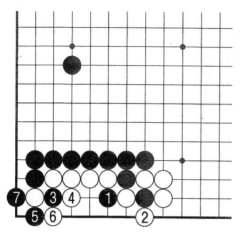

그림1 (정해)

흑❶로 끊고 ❸ 이하 ❼까지가 귀에서의 상용 수단으로 패가 난다. 이 패는 흑의 꽃놀이패라 백은 양보를 할 수밖에 없다.

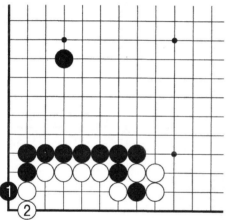

그림2 (실패)

흑❶의 젖힘도 선수로 둘 수 있는 곳이다. 그러나 백②면 백집이 굳어져서 **그림1**과는 차이가 꽤 난다.

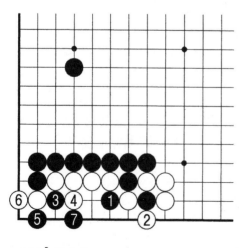

그림3 (변화)

흑❶, ❸으로 끊고 ❺로 단수할 때 백이 ⑥으로 빠지는 수는 무리이다. 흑❼이면 백으로선 물러설 수 없는 패가 발생한다.

의외의 맥점

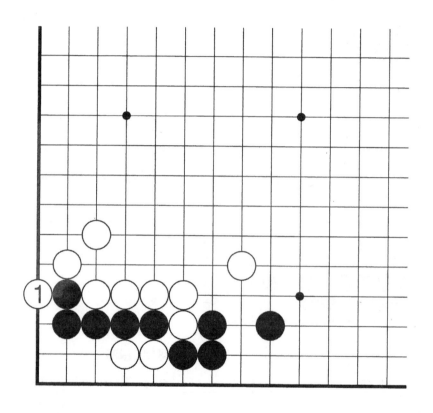

백이 ①로 젖힌 장면이다. 흑의 응수가 상당히 까다로운
데, 생각외의 곳에 맥점이 있을 수가 있다.

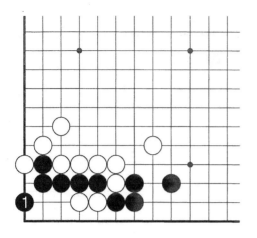

그림1 (정해)

흑❶이 생각하기 힘든 곳이나 유일하게 귀를 지킬 수 있는 맥점이다. 이후 두 수의 보강이 필요하나 최대한 집을 지킨 모습이다.

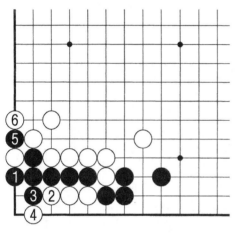

그림2 (실패)

흑❶로 막는 수는 대단한 무리수이다. 백②부터 ⑥까지 흑은 패를 피할 수가 없다. 흑의 부담이 큰은 물론이고, 백은 져도 대가만 구하면 된다.

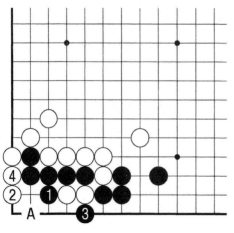

그림3 (실패)

흑❶로 백 두 점을 제압하면 백②의 치중이 날카로운 수. 백④까지 귀의 집이 사라지고 백A의 끝내기도 남는다. 그림1보다 6집이 줄어든 모양이다.

수상전을 이용한 끝내기

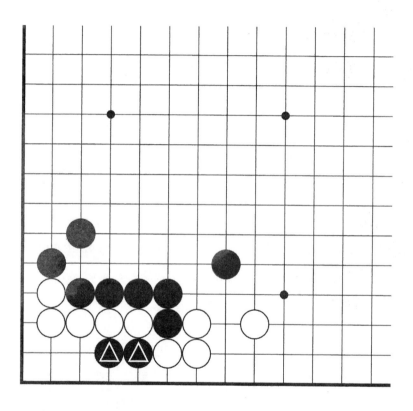

[18형]의 백①은 잘못된 수이다. 여기서는 그 최선을 묻는 문제로 흑▲ 두 점이 잡혀 있지만 이를 활용해서 귀를 공배로 만든다.

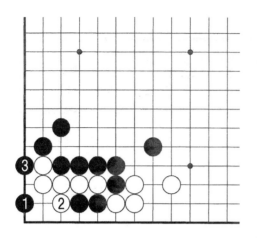

그림1 (정해)

흑❶의 치중이 수상전의 패를 노리는 맥점이다. 백②로 참는 수는 어쩔 수 없다. 흑❸이면 연결이 가능해 귀의 백집이 사라졌다.

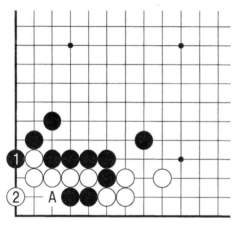

그림2 (실패)

흑❶은 〔18형〕에서 밝혔듯이 백②가 수비의 맥점으로 **그림 1**과는 상당한 차이가 난다. 흑 A로 수상전을 해도 한 수 부족으로 도움이 안 된다.

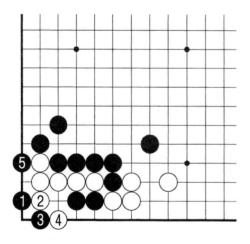

그림3 (변화)

흑❶의 치중에 백②는 악수이다. 흑❸으로 젖혀서 패 모양을 만드는 수가 좋은 수로, 백④에는 흑❺로 백은 엄청난 부담을 안고 패에 목숨을 구걸해야 한다.

후수를 감수한 끝내기

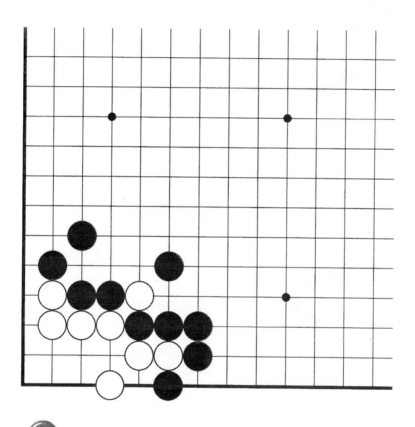

3 · 三 침입에 흔히 나오는 모양이다. 후수라도 백의 집을 최소로 만들고 더불어 백 두 점도 취하는 수가 있다.

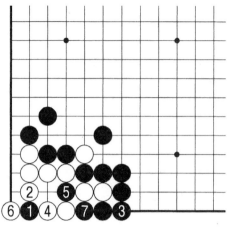

그림1 (정해)

흑❶의 치중이 우선으로 백②는 정수. 흑❸, ❺가 좋은 수로 흑❼까지 백집은 4집, 흑은 두 점을 잡아서 3집이므로 가감하면 백집은 1집이라 할 수 있다.

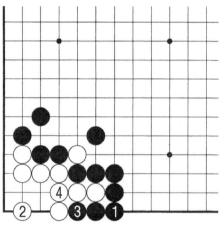

그림2 (실패)

흑❶, ❸에는 백②, ④로 집이 최대한 커진 모습이다. **그림1**보다 5집이나 많은 모습으로 선수이지만 끝내기를 한 것이 아니라 백집을 굳혀 준 것이다.

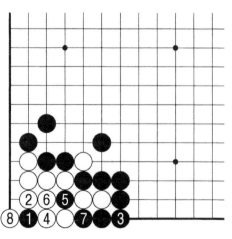

그림3 (변화)

흑❶부터 ❺까지는 **그림1**의 수순. 백⑥이 변화인데, 흑❼이면 백⑧이 불가피하다. 백집이 4집으로 **그림1**보다 3집이 많지만 후수라는 단점이 있다.

무리수를 추궁하는 방법

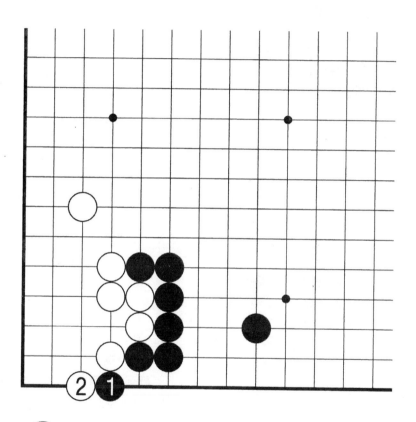

흑❶의 젖힘은 당연한 선수인데, 백이 ②로 막은 모습이다. 사실 백②는 무리수로 흑은 귀에서 수단을 부려야 한다.

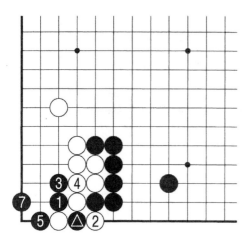

그림1 (정해)

흑❶의 끊음이 수를 내는 시발점. 백②는 당연하고, 흑은 ❸, ❺를 선수하고 ❼이 삶의 급소로 2집을 내고 살 수 있다. (백⑥…흑➍)

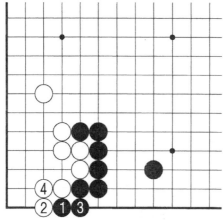

그림2 (실패)

흑❶, 백② 때 흑❸으로 잇는 수는 백의 무리수를 호수로 둔갑시켜 준 수이다. 백④로 이으면 2집 이득을 본 모양이다.

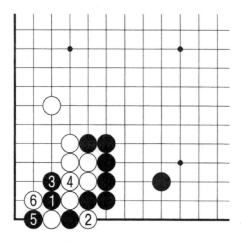

그림3 (패)

흑❶에서 ❺까지는 **그림1**에서 밝힌 수순이다. 이에 백은 그냥 살려 줄 수는 없으므로 ⑥으로 패를 하겠지만 부담이 커서 **그림1**보다 낫다고 하긴 힘들다.

적극적인 끝내기 수단

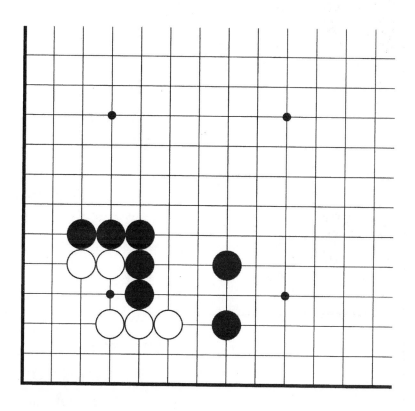

백의 귀가 모양이 허술하다. 흑은 한 발이라도 더 침투하
는 수단을 생각해야 한다. 선수로 끝내기를 어느 정도 했
다고 만족하면 안 된다.

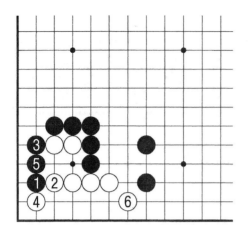

그림1 (정해)

흑❶의 치중이 형태상의 급소
이다. 백②는 이런 정도이고,
흑은 ❸으로 넘을 수가 있다.
백⑥까지 흑은 선수로 상당히
벌었다.

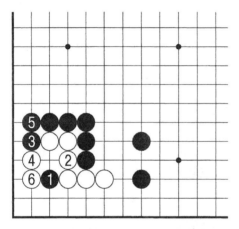

그림2 (실패)

흑❶도 맥점처럼 보이나 백②
로 이으면 오히려 악수가 될
소지가 많다. 흑❸, ❺로 끝
내기해도 **그림1**과는 차이가
크다.

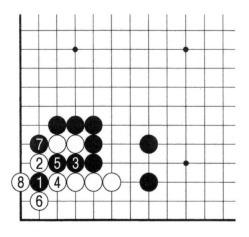

그림3 (변화)

흑❶의 치중에 백이 ②로 막
는 변화이다. 흑❸으로 찌르
면 백은 ④로 양보하는 정도
이고, 백⑧까지는 이런 정도
이다. 백은 **그림1**보다 조금은
못한 결과이다.

상당한 끝내기 효과

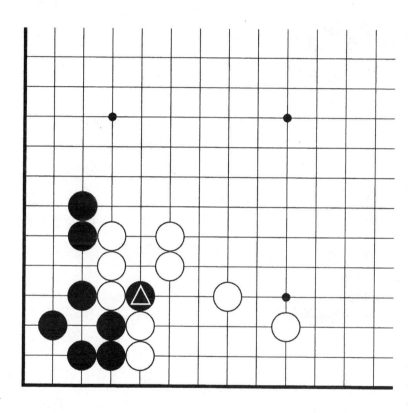

흑⬤ 한 점이 문제를 푸는 열쇠이다. 백집을 생각 이상으로 깰 수가 있다. 앞에서도 한번 다루었던 형태이니 지금이라도 꼭 알아두어야 한다.

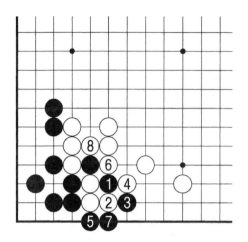

그림1 (정해)

흑❶ , ❸으로 젖히는 수가 맥점으로 백은 ②, ④로 둘 수밖에 없다. 흑❺, ❼로 돌려치는 것이 끝내기 수단으로 백집이 상당히 깨졌다.

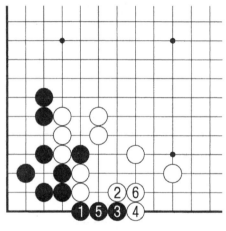

그림2 (실패)

흑❶로 젖혀도 백집은 상당히 줄어든다. 백②는 정수이고 ⑥까지는 최선의 수순이다. 그러나 그림1보다 2집 이상은 손해이다.

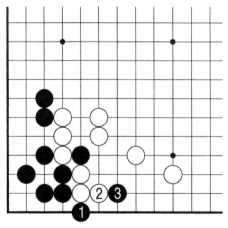

그림3 (참고)

흑❶의 젖힘에 백이 ②로 받는 수는 악수. 흑❸이 맥점으로 백집은 온전하기 힘들고, 그림1과 비슷하게 된다.

패를 활용한 끝내기

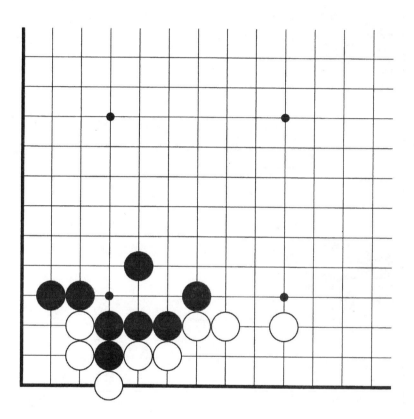

패란 부담이 큰 쪽에서 피하게 마련이다. 부담이 적은 쪽에서는 그만큼 적극적으로 둘 수 있다는 얘기다. 지금 흑이 그러한 경우이다.

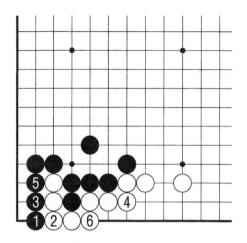

그림1 (정해)

흑❶의 치중이 맥점으로 백②
는 이렇게 참을 곳이다. 흑❸,
❺가 기분 좋은 선수로 귀가
흑집으로 변해서 최대한 끝내
기를 한 모습이다.

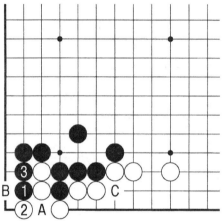

그림2 (실패)

흑❶의 붙임에는 백도 ②로
젖힌다. 흑❸이면 손을 뺄 가
능성이 높은데, 백A, 흑B, 백
C로 되었다고 해도 **그림1**보다
2집이 손해이다.

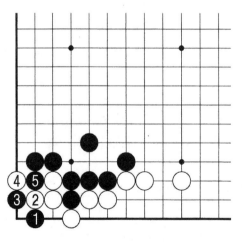

그림3 (변화)

흑❶의 치중에 백이 ②로 차
단하는 수는 무리로 흑❺까지
면 패가 되는데, 흑의 꽃놀이
패라 백은 버티기가 어렵다.

뒷맛을 활용한 끝내기

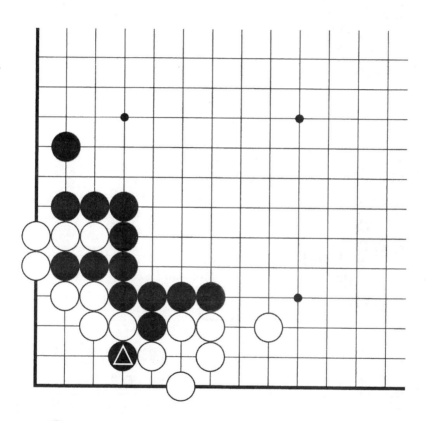

귀에서는 항상 패를 염두해 두어야 한다. 단 두 수로 패 모
양이 가능하기 때문이다. 흑▲가 그런 뒷맛을 내포한 수
로 흑은 백의 꼬리를 잡을 수가 있다.

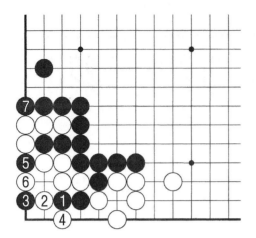

그림1 (정해)

흑①로 밀고 ③으로 껴붙이는 수가 맥점. 백④는 자충한 수로 흑은 ⑤, ⑦로 백의 자충을 이용해서 백 넉 점을 잡을 수가 있다.

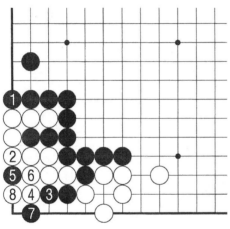

그림2 (실패)

흑①의 단수를 먼저 하는 것은 수순 착오. 백⑧까지는 유가무가의 형태로 아무런 수도 나지 않는다.

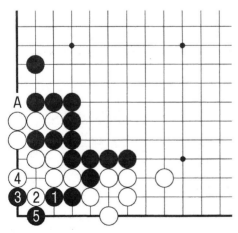

그림3 (백, 무리)

흑①, ③에 백이 ④로 두는 수는 엄청난 무리이다. 흑⑤면 일단 패의 형태이고 아직도 흑A면 백 넉 점은 살 수가 없다.

최선의 삶

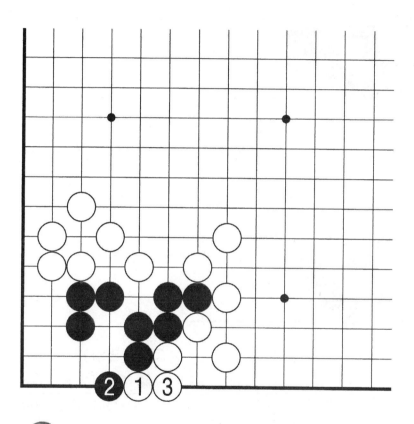

백이 ①, ③으로 젖혀 이었다. 이제 흑은 살아야 하는데 어떻게 사는 것이 최선인지를 묻고 있다. 흑❷의 한 점이 죽으면 안 되므로 생각할 곳은 그리 많지 않다.

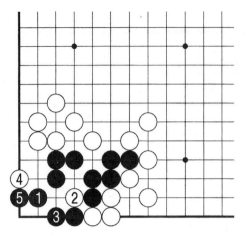

그림1 (정해)

흑❶이 능률적으로 자신의 모양을 정비한 수. 백②로 끊어도 흑❸이면 그만이고, 백④에는 흑❺로 6집을 내고 살아서 만족이다.

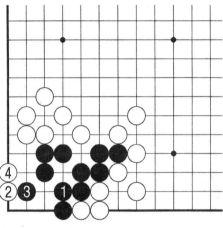

그림2 (실패)

흑❶이면 확실하게 2집을 낼 수는 있다. 그러나 백이 ②로 미끄러지면 백④까지 흑집이 상당히 줄어든다.

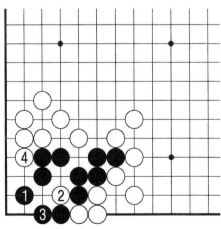

그림3 (변화)

흑❶, ❸ 이후 백이 ④로 미는 수는 선수가 되지 않는다. 흑은 손을 빼도 완생의 형태이다. 백은 **그림1**처럼 선수로 처리하는 것이 낫다.

최선의 잇는 방법

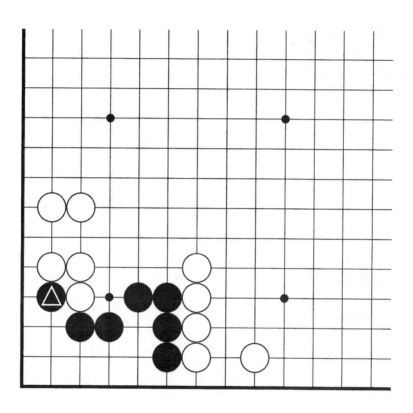

흑▲를 이어야 하는데, 어떻게 하는 것이 흑집을 1집이라
도 늘리는 길인지를 생각해야 한다. 오른쪽 끝내기를 염두
해야 문제 해결이 가능하다.

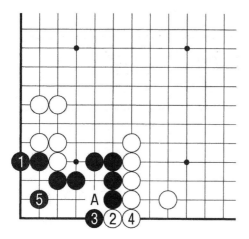

그림1 (정해)

흑❶의 뻗음이 잘 두지 않는 수이나 백②, ④를 예상하고 흑❺의 보강을 생각한 수이다. 백A는 흑❺가 능률적으로 막고 있다.

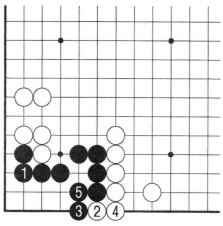

그림2 (실패)

흑❶의 이음은 보통의 착상으로 백②, ④엔 흑❸, ❺로 두어야 한다. **그림1**보다 1집이 적고 왼쪽 끝내기도 생각하면 총 2집이 손해이다.

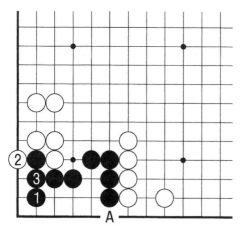

그림3 (실패)

흑❶의 호구로 백A의 끝내기를 막으려는 것은 백②의 단수가 아프다. 흑집은 **그림2**와 같아서 **그림1**보다는 2집 손해이다.

최선의 끝내기 수단

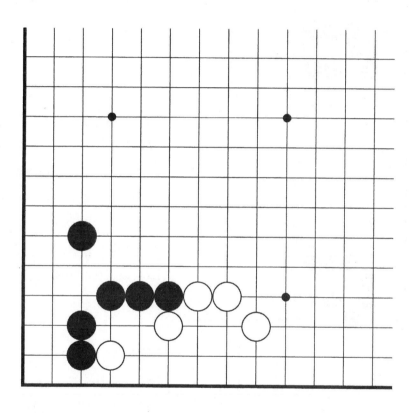

어느 정도의 끝내기는 가능한 모양이다. 그러나 항상 최선을 추구해야 한다. 백집을 최대한 줄이면서 백 한 점을 잡는다.

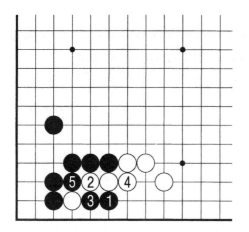

그림1 (정해)

흑❶의 붙임이 형태상의 맥점이다. 백②엔 흑❸으로 두는 것이 요령으로 백④로 물러설 때 흑❺로 백 한 점을 잡는다.

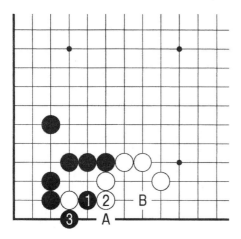

그림2 (실패)

흑❶의 껴붙임도 맥점이나 백②가 침착한 수. 흑❸으로 잡는 것까지가 결말인데, 흑, 백의 집 모양이 달라졌다. 흑A에는 백B가 정수로 흑은 **그림1**보다 3집 이상 손해이다.

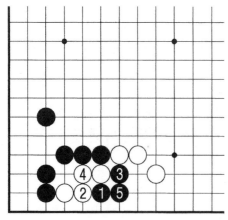

그림3 (백, 무리)

흑❶의 붙임에 백②가 최강의 수단이다. 그러나 흑❸으로 끊고 ❺로 이으면 백은 세 수이고 흑은 네 수라 백은 죽음을 면치 못한다.

뒷문을 단속하는 요령

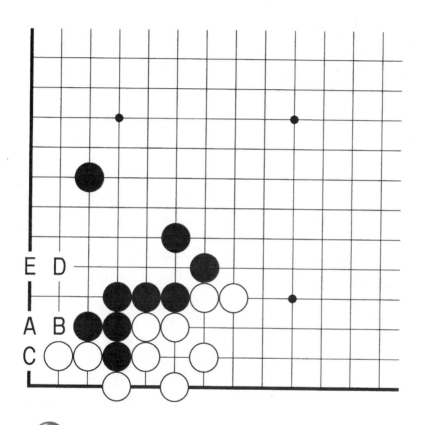

흑의 뒷문이 열려 있다. 흑의 착점은 A, B, C 정도인데, 한 두 집 손 라도 선수를 뽑는 것이 목적이다. 손빼면 백E 의 비마가 큰 수로 흑은 D가 대응책이다.

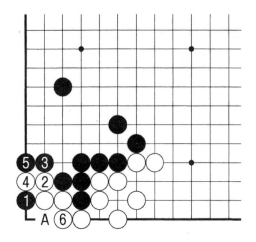

그림1 (정해)

흑❶의 붙임이 교묘한 수단이다. 백②는 당연한데, 흑은 ❸, ❺로 틀어막는다. 백은 흑 A의 패를 피하기 위해서 백⑥의 보강이 필요하고, 흑은 선수로 처리해서 만족이다.

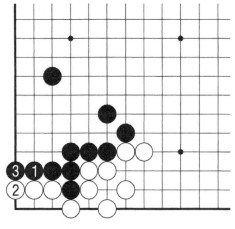

그림2 (실패)

흑❶은 평범한 수로 백은 ②로 침착하게 집을 내는 수가 좋다. 흑❸으로 막는 수를 생략하기 어려워서 흑의 후수이다. 그림2에 비해 3집 이득이나 후수라서 실패이다.

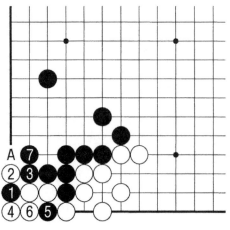

그림3 (변화)

흑❶의 붙임에 백②로 젖히는 수는 좋지 않다. 흑❸, ❺로 백을 옥집으로 만든 후에 흑❼로 늘면 백은 A로 나올 수가 없다. 이 그림은 흑이 후수지만 그림2에 비해 약간 득이다.

비마 끝내기가 비교 대상

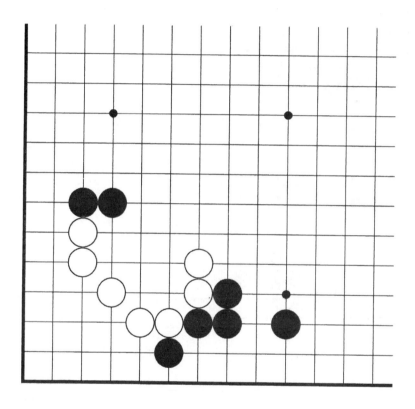

아래쪽이 초점으로 흑은 비마까지 달리기는 어려운 형태이다. 그러나 그에 못지 않은 끝내기의 맥점이 있다.

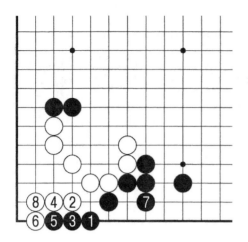

그림1 (정해)

흑❶의 마늘모가 정답으로 백은 바로 막을 길이 없다. 백⑧까지는 최선으로 흑은 선수로 상당한 끝내기를 한 모습이다.

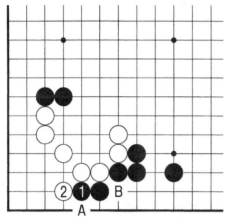

그림2 (실패)

흑❶로 밀기 쉬우나 백이 ②로 막으면 후속타가 없다. 이후에 백A, 흑B로 되는 모양으로 1집도 득이 아니다.

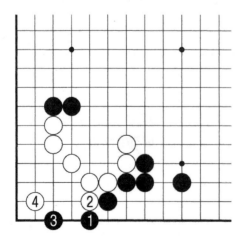

그림3 (변화)

흑❶에 백②는 흑의 약점을 노리는 수. 그러나 흑은 ❸으로 뛰어도 아무런 문제가 없다. 백④로 막을 수는 있으나 **그림1**과 대동소이한 결과이다.

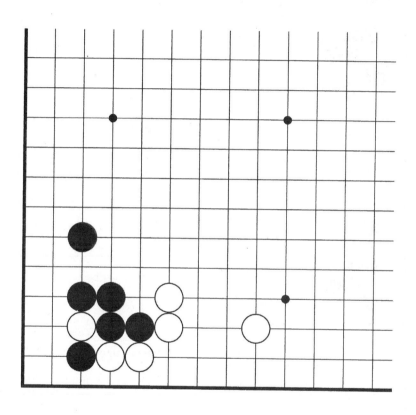

백이 이 곳을 끝내기하면 상당히 당한다. 흑은 그것을 막는 것이 과제인데, 선수로 할 수 있는지가 문제이다. 물론 약간의 손해는 감수해야 한다.

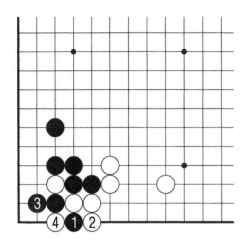

그림1 (정해)

흑❶의 젖힘이 묘한 희생타. 백은 ②로 막는 수가 최선인데, 흑❸이 선수를 뽑기 위한 수단으로 백은 ④로 따야 한다. 약간은 손해이지만 백의 끝내기를 없애서 충분하다.

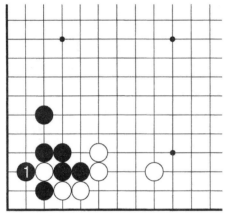

그림2 (후수)

흑❶도 한 수의 가치는 있는 수이다. **그림1**보다 5집 정도는 두터운 모습이나 후수인 점이 문제이다. 흑은 **그림1**처럼 처리하고 다른 큰 곳을 처리하는 것이 낫다.

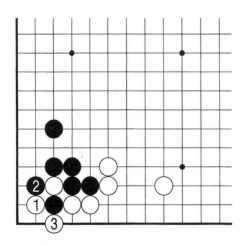

그림3 (백의 수단)

흑이 손을 빼면 백①, ③의 수단이 흑으로선 아프다. 흑집이 줄고 패가 골칫거리가 될 것이다. 흑은 **그림1**의 수단으로 선수 처리하면 이와 같은 고민은 없다.

이후를 고려한 끝내기

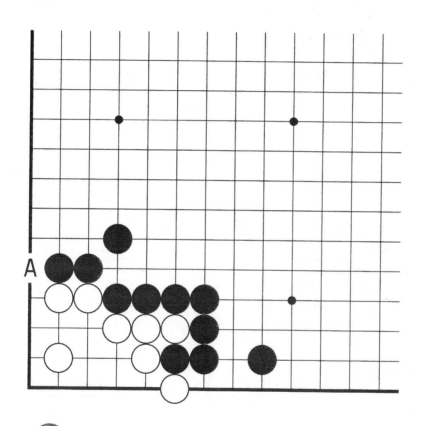

A

백A는 선수 3집 끝내기로, 흑은 역으로 끝내기를 하려고
한다. 그러나 약간만 생각하면 오른쪽 끝내기에도 도움을
줄 수가 있다.

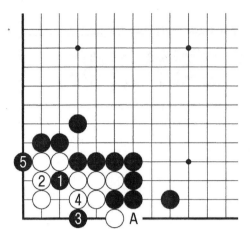

그림1 (정해)

흑❶로·백의 응수를 묻는 수
가 멋진 점이다. 백②로 받으
면 흑❸이 맥점으로 백④는
불가피하다. 이제 흑❺로 역
끝내기를 하면 A의 끝내기가
남는다.

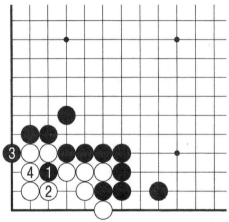

그림2(변화)

흑❶의 끊음에 백이 ②로 받
으면 흑❸을 선수로 둘 수 있
다. 이 모양은 **그림1**에서 백
이 한 수 보강한 모습과 같은
결과로 **그림1**보다 나은 것이
없다.

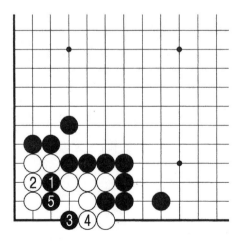

그림3(백, 무리)

흑❶로 끊고 ❸으로 치중할
때 백이 ④로 잇는 수는 무리
이다. 흑❺로 두면 흑이 한 수
빠른 수상전이라 백은 망한다.

절호의 선수 끝내기

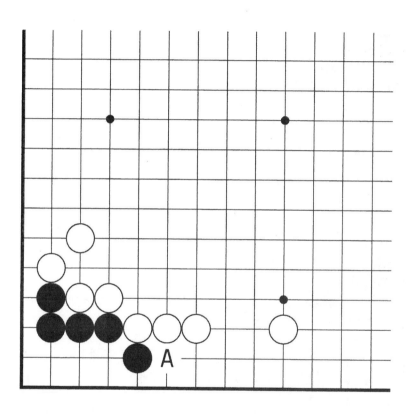

A는 귀의 사활상 백의 권리이다. 그러나 백이 이를 게을리해서 흑에게 찬스가 왔다. 오히려 흑이 선수로 처리할 수도 있다.

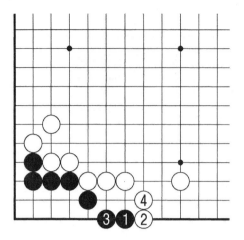

그림1 (정해)

흑❶의 날일자가 재미있는 수로 백은 ②로 막는 수가 최선이다. 흑❸엔 백④로 막을 수는 있으나 선수로 처리할 곳을 역으로 당했으니 상당한 차이다.

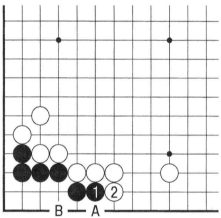

그림2 (실패)

흑❶은 선수이나 득이 거의 없는 모습이다. 이후 백A, 흑B로 되는 형태이고, [20형]에서 다루었던 형태이다.

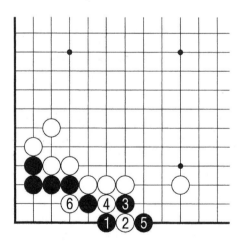

그림3 (실패)

흑❶의 마늘모도 생각되는 곳이다. 그러나 백②로 막는 수가 성립해서 결과는 신통치 않다. 흑❸, ❺로 진출하면 백⑥의 끊음으로 흑은 곤란하게 된다.

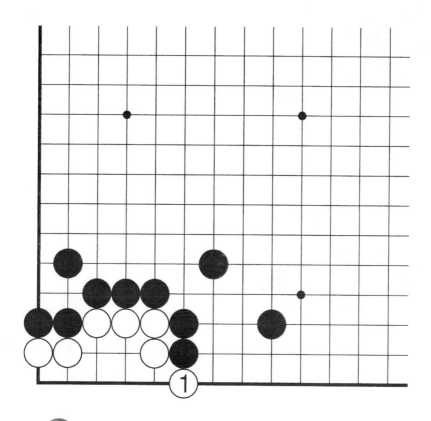

백이 ①로 젖히면서 효율적으로 살려고 한다. 실전이라면 놓치기 쉬운 절묘한 맥점이 있다. 힌트라면 양자충을 머릿속에 염두해 두고 이를 유도한다.

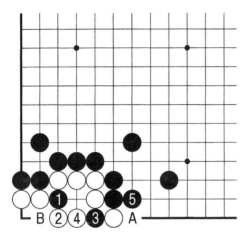

그림1 (정해)

흑**1**의 끊음이 맥점으로 백②
에는 흑**3**으로 먹여치는 것이
중요하고, 흑**5**로 늘어 두면
충분하다. 이후 흑A에는 백③
으로 잇지 못한다. 흑B면 양
자충의 모양이다.

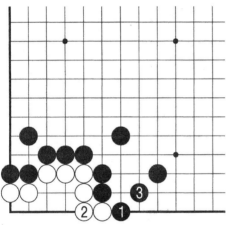

그림2 (실패)

흑**1**로 막으면 흑**3**까지는 당
연한 결과. 백은 6집을 내고
살아서 **그림1**보다 1집 이상
득이다.

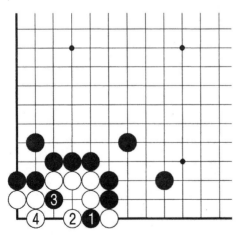

그림3 (수순 착오)

흑**1**로 먹여치고 **3**으로 끊는
것은 뒤바뀐 수순이다. 백④
가 절호의 맥점으로 백집은 **그
림2**와 같이 6집이다.

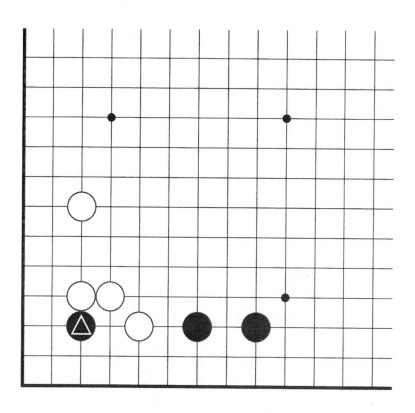

흑▲의 3·三 침입은 백의 응수 여하에 따라 행로를 결정
하는 고급전술. 백이 물러서면 이득을 보고 버티면 귀에서
삶을 노린다.

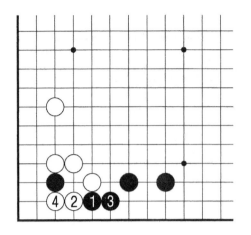

그림1 (정해)

흑❶의 붙임이 맥점으로 백은 ②로 물러서는 수가 정수이다. 흑❸으로 늘면 선수로 잘 처리한 모습이다.

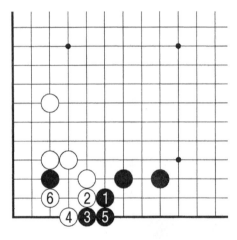

그림2 (실패)

흑❶의 마늘모도 선수 끝내기로 백⑥까지는 이런 정도의 곳이다. **그림1**과의 집 차이도 나지만 흑 모양도 약하다.

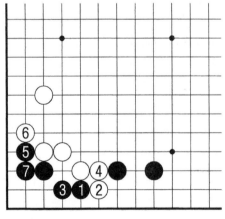

그림3 (변화)

흑❶에 백이 ②로 받으면 흑❸으로 귀살이를 노린다. 흑❺, ❼이면 거뜬히 사는 모양으로 백은 손해가 막심하다.

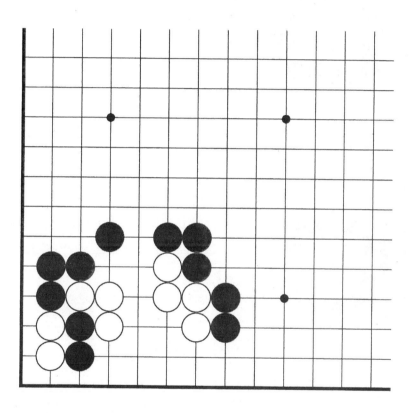

귀에서의 끝내기만 생각하면 실패한다. 백진에 침투해서
귀의 수상전과 변으로의 연결을 동시에 노리는 것이 중요
하다.

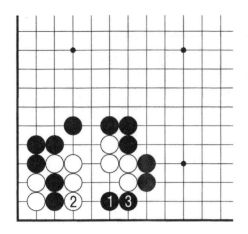

그림1 (정해)

흑❶의 치중이 맥점으로 백은 ②로 참는 정도이다. 흑은 ❸으로 넘어 목적한 바를 충분히 달성한 모습이다.

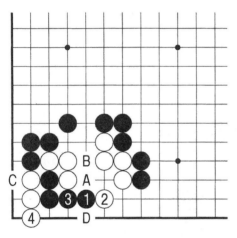

그림2 (실패)

흑❶의 치중도 생각된다. 하지만 백②가 좋은 수로 흑❸엔 백④가 수상전의 급소. 이후 흑A부터 백D까지면 백이 한 수 빠름을 알 수 있다.

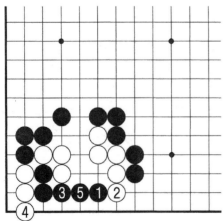

그림3 (변화)

흑❶의 치중에 백이 ②로 반발한 변화이다. 이번에는 백④로 빠져도 흑❺면 흑의 수가 많아서 백 전체가 위험하게 된다.

유사형 끝내기

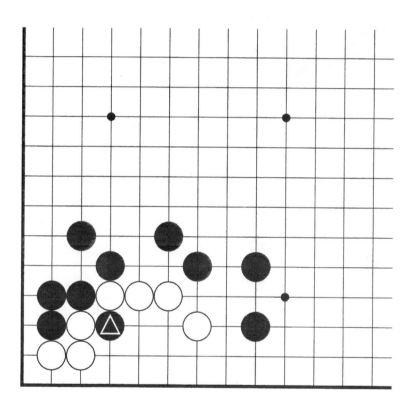

흑▲가 백을 끊은 모습으로 어떤 수단을 제공할 수도 있다. 바로 전 문제와 비슷한 원리로 두 가지 목적을 동시에 노리는 수를 찾아본다.

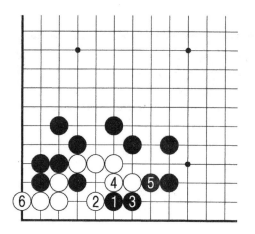

그림1 (정해)

흑❶의 치중이 정답이다. 백
②는 어쩔 수 없는 수이고, 백
⑥까지 흑은 백집을 상당히
줄이고 흑집을 늘렸다.

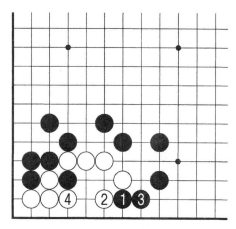

그림2 (실패)

흑❶의 붙임도 맥점에 해당하
나 백②, ④로 참으면 충분한
모습이다. 그림1과는 보기에
도 차이가 많이 난다.

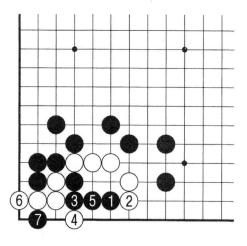

그림3 (백, 무리)

흑❶의 치중에 백이 ②로 막
으면 흑❸으로 수상전이다.
백④, ⑥이 버팀수이나 흑❼
이 맥점으로 수상전은 흑의 승
리이다.

선수를 둘러싼 공방

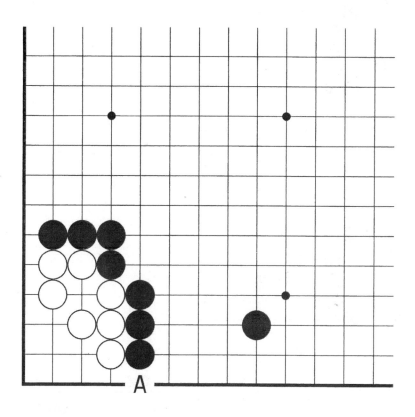

A

백이 A로 젖혀 선수로 끝내기하면 당한다. 흑은 백이 손
쓰기 전에 먼저 백을 공략해야 한다. 흑은 선수로 처리해
야 한다.

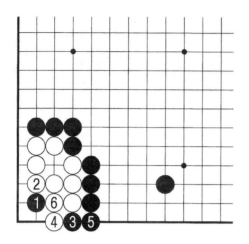

그림1 (정해)

흑❶의 치중이 맥점으로 백은 ②가 보통이다. 흑❸으로 젖히고 ❺로 이으면 백⑥이 불가피해서 흑은 선수로 잘 처리했다.

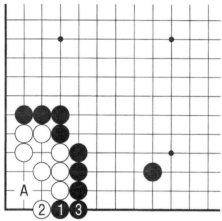

그림2 (실패)

흑❶, ❸으로 두어도 백에게 위협을 준다고 생각하면 착각이다. 흑A로 치중하는 수가 걱정이 되나 **그림3**을 보면 답이 나온다.

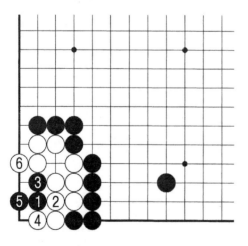

그림3 (확인)

흑❶의 치중에는 백②로 잇는 수가 있다. 흑❸으로 옥집을 만들지만 백④, ⑥이면 산다. 손뺀 자리라 약간은 당했으나, 백은 한 수를 벌었으니 충분하다.

축머리를 이용한 맥점

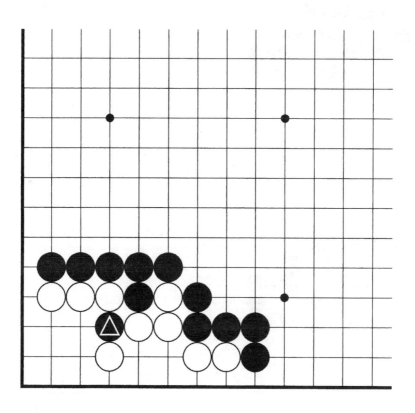

흑▲가 축으로 잡혀 있다. 축머리란 멀리서만 존재하는 것이 아니다. 흑 한 점을 탈출시킬 수 있는 수단을 생각한 다.

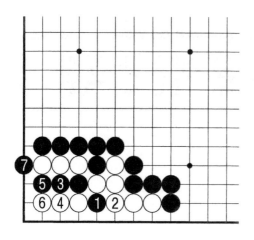

그림1 (정해)

흑❶의 끊음이 맥점으로 백②
엔 흑❸이 성립한다. 흑❼까
지는 어쩔 수 없는 진행으로
엄청난 변화가 일어났다.

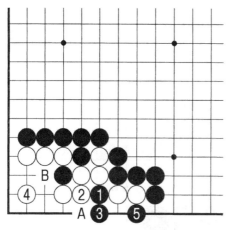

그림2 (실패)

흑❶의 끊음도 노림수이나 백
④가 침착한 수로 흑❺로 두
점은 잡지만 **그림1**보다 손해
이다. 백④로 A는 흑B가 성
립하니 주의해야 한다.

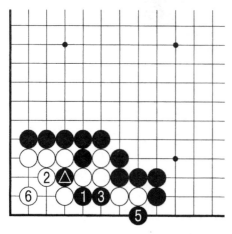

그림3 (변화)

흑❶에 백이 ②로 따는 변화
이다. 백⑥까지면 **그림1**보다
백이 좋으나 후수라서 꼭 좋다
고 할 수가 없다.
(백④…흑▲)

수순이 중요한 문제

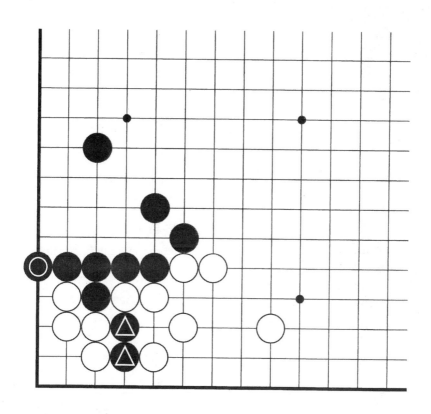

중급 탈출의 마지막 문제. 흑▲와 ◉가 귀의 백 넉 점을 위협하며 끝내기 수단을 만든다. 수순에 주의해서 유가무 가가 되는 것을 조심한다.

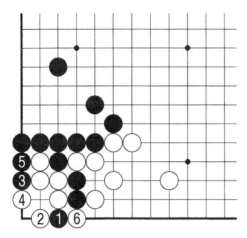

그림1 (정해)

흑❶로 젖히고 ❸으로 붙이는 수가 백의 자충을 이용한 맥점이다. 백⑥까지 흑은 그냥 밀어서 끝내기할 때보다 2집 득이다.

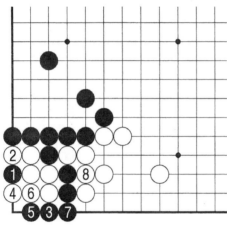

그림2 (실패)

흑❶로 먼저 붙이는 수는 수순 착오. 백② 이후 ⑧까지면 유가무가로 흑은 오히려 손해를 본 모습이다.

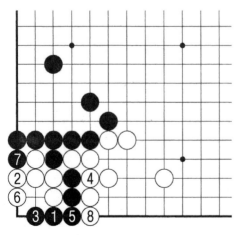

그림3 (백, 무리)

흑❶의 젖힘에 백②가 버팀수이다. 흑은 ❸으로 빠져서 수상전을 노린다. 이하 백⑧까지는 필연인데, 흑이 선수 빅이라 백은 망한 모습이다.

제3장

끝내기

고급편

양쪽을 선수하는 요령

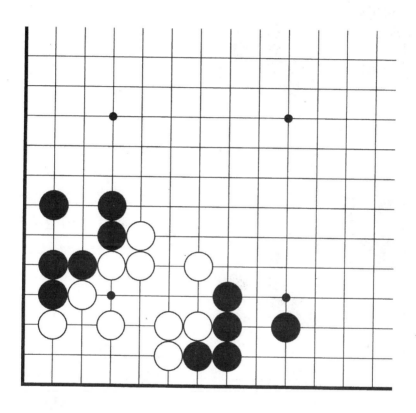

흑은 양쪽을 선수로 젖혀 이으려 한다. 단순하게 생각하면 한쪽은 후수가 될 수도 있다. 그리고 백이 반발하면 맥점으로 대응한다.

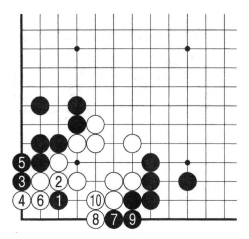

그림1 (정해)

흑❶로 들여다보는 수가 간단
하면서도 좋은 수. 백⑩까지
흑은 계획했던 대로 양쪽을 선
수로 처리했다.

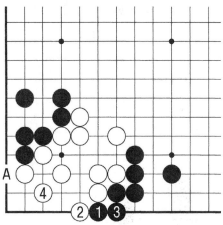

그림2 (실패)

흑❶, ❸으로 젖혀 이으면 백
④가 준비된 수로 흑은 A의
곳을 선수로 처리할 수가 없
다. 그림1보다 2집 손해이다.

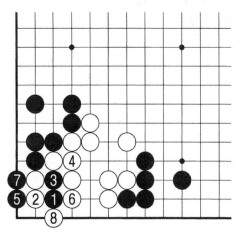

그림3 (변화)

흑❶에는 백②가 생각을 요하
는 수이다. 흑은 ❸으로 끊고
❺로 붙이는 것이 끝내기 수
법으로, 백은 ⑥으로 물러서
야 한다. 백⑧까지 백은 그림
1보다 1집 손해이다.

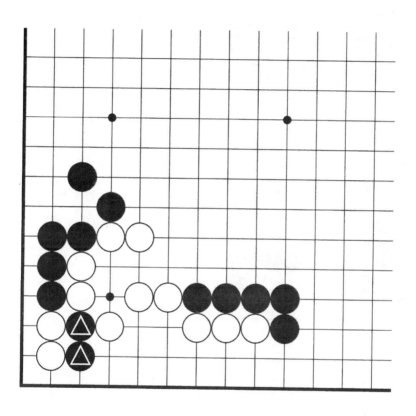

흑△ 두 점을 살리자고 하면 오른쪽에서 이득을 보는 수
가 있다. 귀의 끝내기 수단에만 연연하면 실패하게 된다.

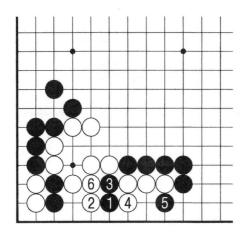

그림1 (정해)

흑❶이 맥점으로 백②는 최선이다. 흑은 ❸부터 ❺까지 선수로 백을 조여 붙여서 이득을 본다. 아직 귀에는 상용의 끝내기 수단이 남아 있다.

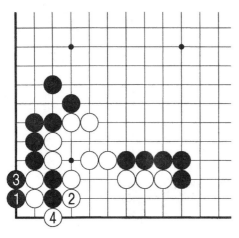

그림2 (실패)

흑❶이 귀에서의 상용의 수법으로 백②는 패를 피하려면 어쩔 수 없다. 이제는 그림1의 흑❶에 치중해도 백은 방법을 달리한다.

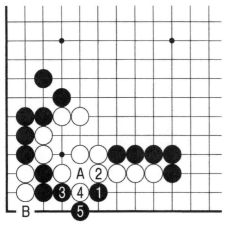

그림3 (변화)

흑❶의 치중에 백이 ②로 끊는 수는 무리이다. 흑❺까지 패의 형태로 이를 피하려고 백이 A로 두면 흑B로 백 두 점이 죽는다.

능률적인 끝내기

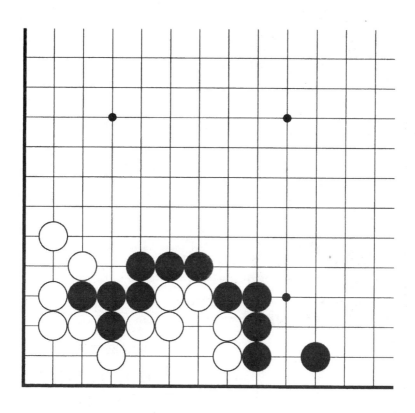

단순히 젖혀 잇는 것보다 약간 더 좋은 수단이 있다. 첫수
가 형태상의 급소로 백의 굴복을 얻어낸다.

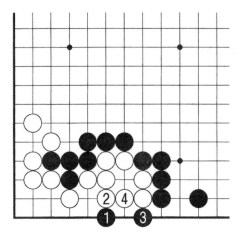

그림1 (정해)

흑❶의 치중이 급소로 백②는 정수이다. 흑❸에는 백④까지가 결론인데, 흑은 ❶의 한 점을 연결할 수 있는 만큼 이득이다.

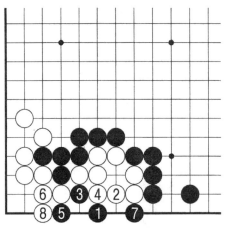

그림2 (백, 손해)

흑❶의 치중에 백이 ②로 두면 흑❸, ❺를 선수하고 ❼로 젖힌다. 백이 자충이 되어 흑의 부담이 없어졌다.

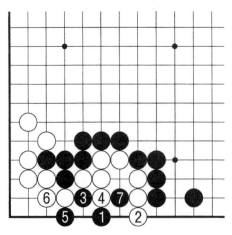

그림3 (백, 무리)

흑❶의 치중에 백②의 차단은 무리이다. 흑❸, ❺로 패를 만드는 수단이 있기 때문이다. 백⑥으로 이어도 흑❼이면 패를 피할 수가 없다.

맥점을 활용한 끝내기

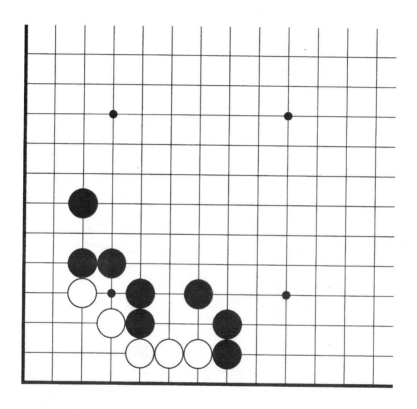

단순한 선수 끝내기보다 맥점 한 방이면 훨씬 더 좋은 결과를 만들 수가 있다. 백에게 여유를 주지 않고 최대한 숨통을 조인다.

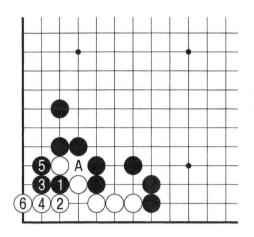

그림1 (정해)

흑❶의 끼움이 기막힌 맥점. 백은 속은 쓰리지만 ②부터 ⑥까지 사는 것이 그나마 최선이다. 흑은 A로 백 한 점까지 부수입을 챙긴 모습이다.

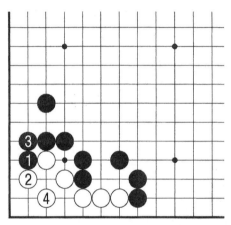

그림2 (실패)

흑❶, ❸도 선수로 이득을 볼 수가 있다. 하지만 백④면 백집이 **그림1**보다 월등하다. 흑은 **그림1**보다 6집이나 손해이다.

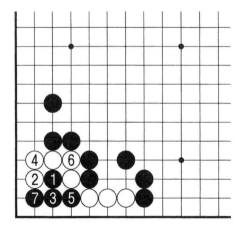

그림3 (백, 무리)

흑❶에 백②, ④로 차단하는 수는 무리이다. 흑❼까지 수상전이나 백은 한 수 부족으로 전체가 죽음에 이른다.

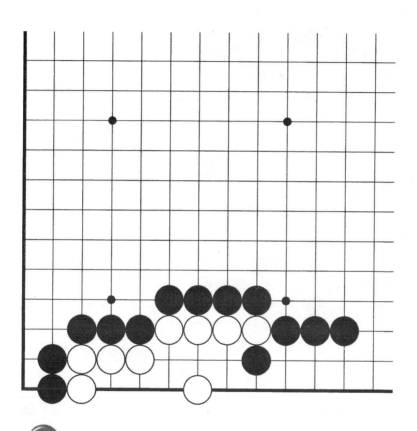

곡사궁과 깊은 연관

백이 곡사궁의 형태로 보이지만 아직 완전한 형태는 아니다. 흑과 백이 최선을 찾으면 전혀 생각지 못한 결과가 나온다.

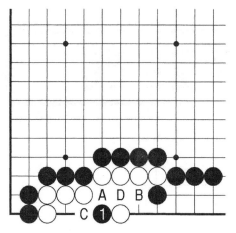

그림1 (맥점)

흑❶이 백의 곡사궁을 무너뜨
리는 맥점이다. 이후 백A에는
흑B, 백C, 흑D로 평범하게는
살기 힘들다. 백도 이대로 죽
을 수는 없다.

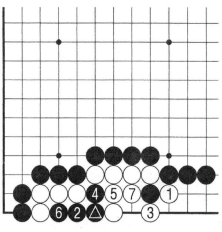

그림2 (최선)

흑▲에 백도 ①로 끊는 수가
맥점으로 백⑦까지는 최선의
응접으로 반쪽은 살릴 수가 있
다. 흑도 백 넉 점을 잡아서 충
분한 모습이다.

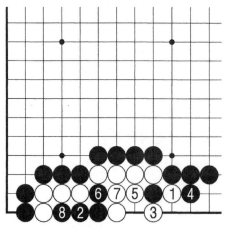

그림3 (변화)

백①, ③ 때 흑❹로 두어도
별반 차이가 없다. 흑❽까지
면 **그림2**에 이어 흑❹로 둔
모습이다. 흑은 **그림2**의 수순
으로 선수를 뽑는 것이 좋다.

귀의 백집은 공배

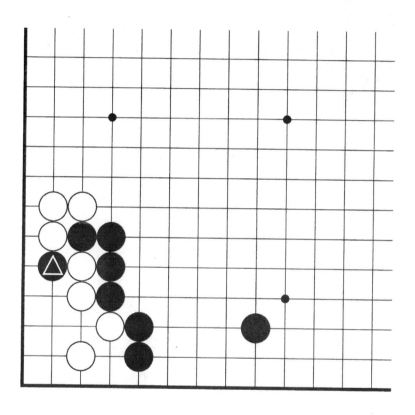

흑▲가 끝내기에 상당한 관여를 한다. 귀의 백집을 공배
로 만드는 것이 흑의 목표. 첫수가 중요한 수로 성패를 가
른다.

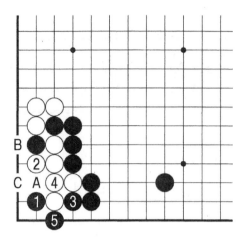

그림1 (정해)

흑❶의 붙임이 맥점으로 백은 ②로 단수하는 정도이다. 흑 ❸, ❺로 건너면 성공으로 이후 흑A, 백B, 흑C로 귀에서 집을 내는 수도 남아 있다.

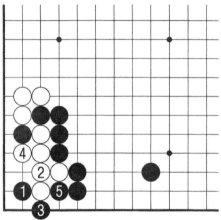

그림2 (같은 결과)

흑❶의 붙임에 백②가 강수인 듯하다. 그러나 흑❸이면 흑의 연결을 막을 수가 없고, 백④로 두면 **그림1**과 같은 모습이다.

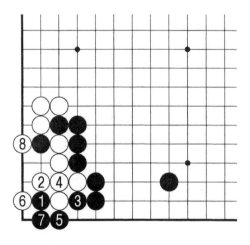

그림3 (백, 후수)

흑❶에 백②로 막으면 백⑧까지 **그림1**에 비해 나은 결과(4집 강)이다. 그러나 백이 후수이기 때문에 정해라고 하기는 어렵다.

깊숙한 침투 수단

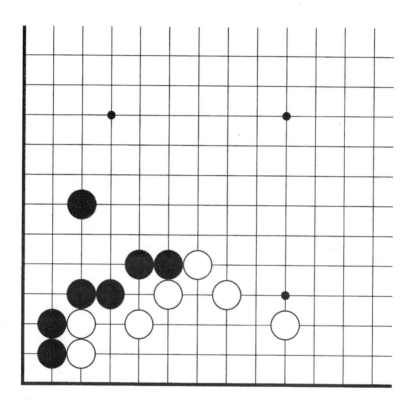

백진이 약해서 흑은 최대한 이를 이용해서 백진 깊숙이 침투해야 한다. 첫수가 형태상의 급소이기도 하다.

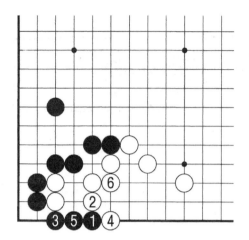

그림1 (정해)

흑❶의 침입이 절묘한 맥점.
백②는 흑의 연결을 허락하지
만 어쩔 수 없는 정수로 백⑥
까지 흑은 선수로 백집을 줄
인다.

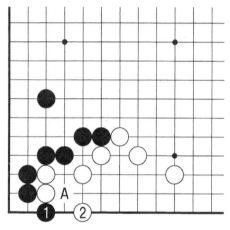

그림2 (실패)

흑❶의 젖힘은 노림을 가진
수. 그러나 백②가 급소로 더
이상의 수단은 없다. 백②로
A에 두면 흑❷로 수가 나므로
주의.

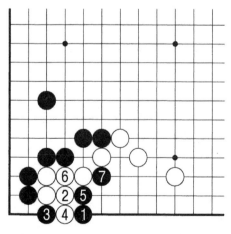

그림3 (백, 무리)

흑❶의 치중에 백②의 차단은
성립하지 않는다. 흑❸으로
젖혀서 백의 뒷수를 줄이고
흑❺, ❼이면 백은 망한다.
백②로 물러서면 **그림1**과 같
은 결과.

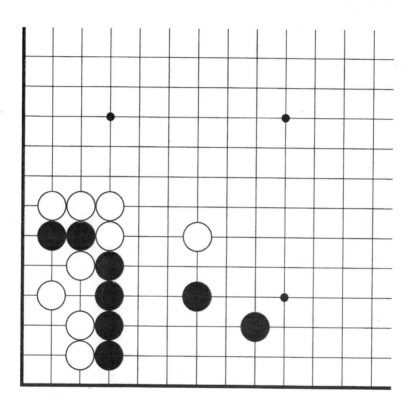

백의 귀를 파호하는 문제이다. 그러나 방법에 따라 4집 가까이 차이가 난다. 선수라고 먼저 결정하는 것은 좋지 않다. 돌이 놓이고 나면 방법을 달리할 수 있기 때문이다.

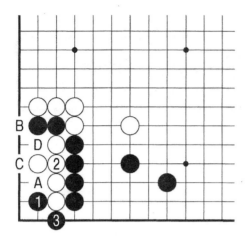

그림1 (정해)

흑❶의 붙임이 날카로운 점. 백은 ②나 D로 두어야 하는데 흑❸으로 건넌다. 이후 흑A부터 백D까지는 흑의 권리로 귀에서도 흑집이 날 수 있다.

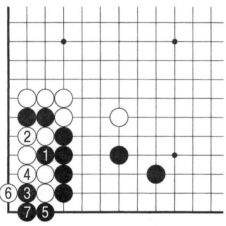

그림2 (실패)

흑❶은 선수로 이 수가 놓이면 흑❸을 찾기가 쉬워진다. 그러나 흑❼까지 모양을 보면 **그림1**보다 손해임을 알 수 있다.

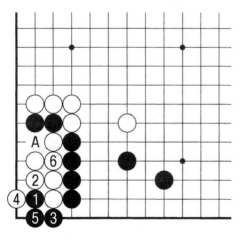

그림3 (백, 후수)

흑❶에 백②로 집을 키우려고 한 것은 속수. 백⑥까지 후수인데다(손빼면 흑A가 있다) 한 수 가일수도 해야 한다.

단수의 방향이 중요

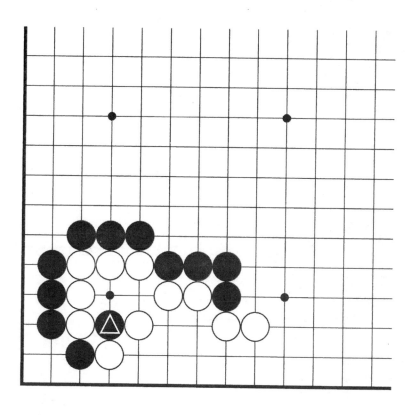

백은 모양 좋은 호구로 깔끔한 형태이다. 그러나 흑▲가 백을 단수로 몰 수 있는 수단을 제공한다. 흑은 단수의 방향을 정하고, 이후 변화를 생각해야 한다.

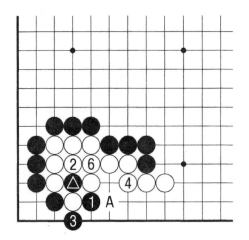

그림1 (정해)

흑❶의 단수가 옳은 방향. 백②
는 정수로 흑❸엔 백④가 긴요
한 수이다. 흑은 선수로 끝내기
를 해서 만족. 백②로는 A, 흑
❸, 백⑥이 나을 수도 있다.
(흑❺…흑△)

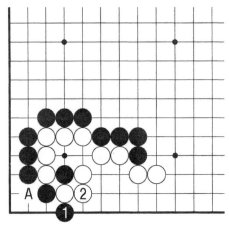

그림2 (실패)

흑❶의 단수는 약간의 끝내기
에 불과하다. 백A로 끊기는 맛
도 있어 **그림1**과는 상당한 차
이다. 백A에 패로 버틸 수 있
는 정도가 흑❶이 한 일이다.

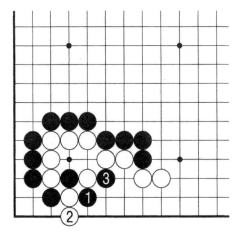

그림3 (백, 무리)

흑❶의 끊음에 백②로 차단하
는 것은 무리. 흑❸으로 단수
하면 사건이 발생한다. 이제
백은 쌈지뜨고 살아야 한다.

상식을 초월한 수단

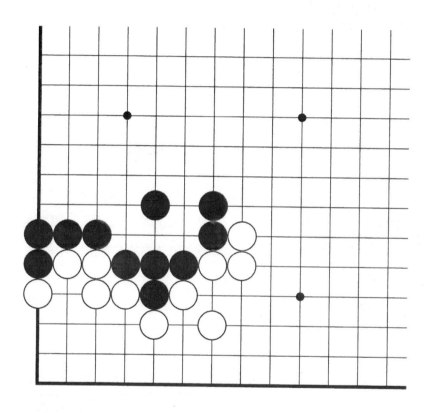

백의 모양이 나쁘기는 하지만 상식적인 방법으로는 수를 내기 힘들다. 그러나 반드시 수가 있으니 잘 생각해 보기 바란다.

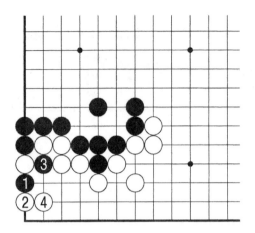

그림1 (정해)

흑❶의 단수가 실전에서는 생각하기 힘든 수. 백도 ②로 단수하고 ④로 느는 것이 최선의 방어로 피해를 줄일 수 있다.

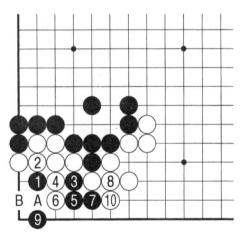

그림2 (실패)

흑❶, ❸은 가장 먼저 생각되는 수. 백⑧까지는 필연의 진행이고, 흑❾가 묘한 수이나 백⑩으로 그만이다. 백⑩으로 A는 흑B로 패가 나니 주의.

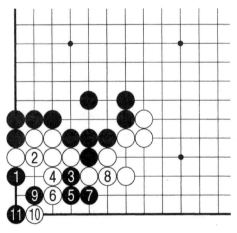

그림3 (백, 무리)

흑❶에 백②로 이으면 큰일이 벌어진다. 백⑧까지는 필연인데, 흑❾가 호수로 백⑩엔 흑⑪로 패가 난다. 백으로선 그림1처럼 참아야 한다.

패를 이용한 끝내기

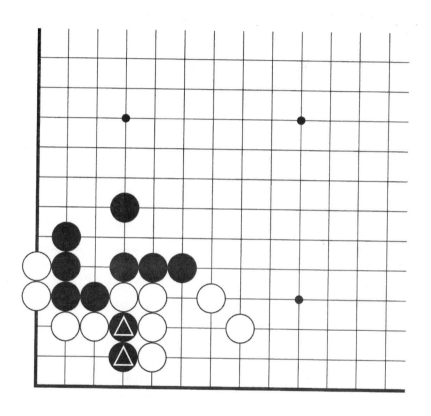

흑▲ 두 점을 이용하는 문제. 귀는 참 묘한 곳으로 많은 변화가 숨어 있다. 패로 상대방을 위협하며 양보를 얻어 낸다.

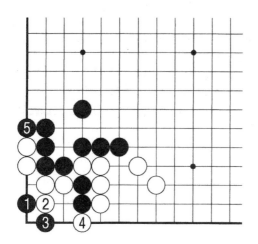

그림1 (정해)

흑❶이 맥점으로 백이 이으면 큰 패가 난다. 백은 이를 피해 ②, ④로 물러서는 정도이고 흑은 ❺로 백 두 점을 잡는다.

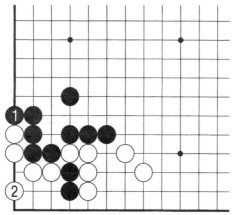

그림2 (실패)

흑❶의 단수에도 백은 이을 수가 없다. 그래서 유력해 보이지만 백②가 수비의 맥점으로 백집을 최대한 지키고 있다.

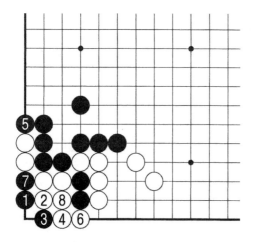

그림3 (백, 손해)

흑❶, ❸에 백④로 버티는 수는 헛된 수. 흑❺면 패로 버티기 어려워 백⑥으로 물러서야 하는데, 백⑧까지 흑에게 선수가 돌아갔다.

귀삼수의 원리

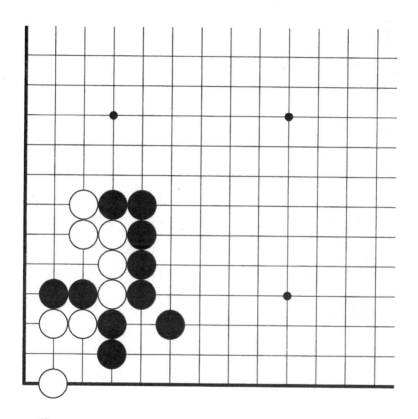

귀삼수와 비슷한 원리를 가지고 있는 문제이다. 미끼를 던져서 백의 수를 줄인 후에 수단을 강구한다.

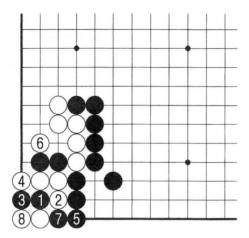

그림1 (정해)

흑❶의 끼움이 맥점으로 백②
엔 흑❸으로 키우는 수가 좋
다. 이어서 흑❺도 중요한 수
로 백⑧까지는 필연의 진행으
로 달리 변화의 여지가 없다.

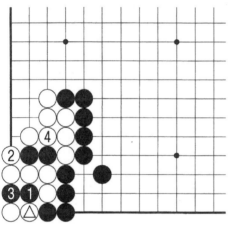

그림2 (계속)

앞 그림에 이어 흑❶로 수를
조이면 백②로 두어야 하고, 흑
은 ❸으로 두 점을 잡으며 단
수가 성립한다. 흑❺로 집을
내면 뿌린 만큼 거둔 모습이다.
(흑❺…백△)

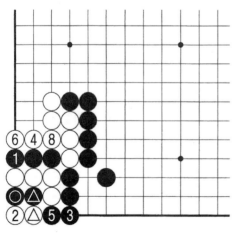

그림3 (실패)

그림1의 흑❺로 본 그림의
흑❶로 두면 실패한다. 백⑥까
지는 필연으로, 흑은 ❼, ❾로
백 두 점을 잡을 수 있지만 백
⑩으로 먹여치면 득이 없다.
(흑❼…흑△, 흑❾…흑◎,
백⑩…백△)

사활과는 무관한 문제

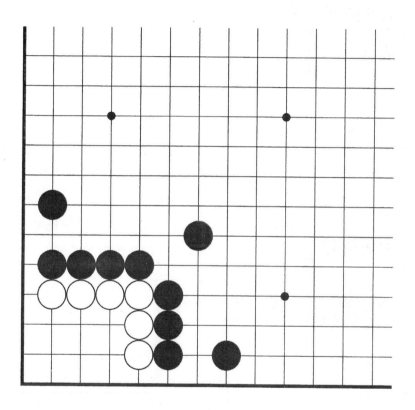

백의 궁도가 넓고 약점도 없어서 사활을 문제삼을 수는 없다. 그러나 절묘한 수단이 있어서 백집을 많이 줄일 수 있다.

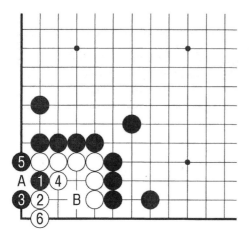

그림1 (정해)

흑❶의 붙임이 정답으로 백②는 생각하기 어렵지만 최선이다. 흑❸,❺가 수순으로 백은 ⑥으로 늘어서 산다. 이후 흑A, 백B로 되면 백은 4집의 모양이다.

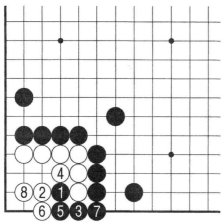

그림2 (실패)

흑❶의 붙임도 생각되지만 백②가 호수로 **그림1**보다는 못하다. 백⑧까지는 이런 정도로 백집이 6집이 나서 흑으로선 2집 손해이다.

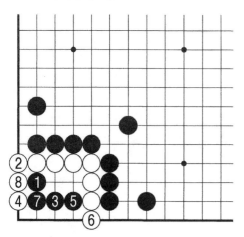

그림3 (변화)

흑❶의 붙임에 백②로 차단하면 흑❸이 급소. 백도 ④가 맥점이고 흑은 ❺를 선수하고 ❼로 두면 선수로 빅을 낸 모습이다.

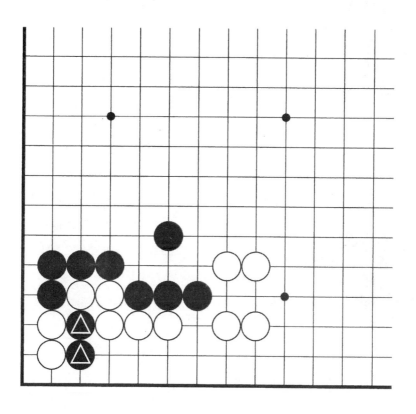

흑△ 두 점이 한 수 차이로 잡혀 있다. 그러나 백의 오른쪽 약점을 노리면 백을 자충으로 만들어 수를 늘리는 효과를 가져온다.

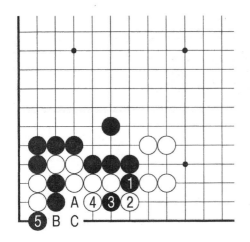

그림1 (정해)

흑❶, ❸으로 끊는 수가 사전 공작. 이제 흑❺로 젖히면 흑은 수상전에서 이길 수가 있다. 백A, 흑B 때 백C가 자충이라 단수할 수가 없다.

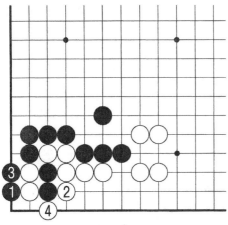

그림2 (실패)

흑❶, ❸은 백 두 점을 잡을 수 있는 만큼 부분적으로 맥점이라 할 수 있다. 그러나 이 정도로는 만족할 수 없다.

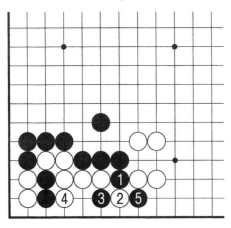

그림3 (변화)

흑❶, ❸에 백은 ④로 귀를 중시할 수도 있다. 흑은 ❺로 변을 뚫어 충분하다. 주변 상황이 문제지만 백으로선 **그림3**이 **그림1**보다 집으로는 이득이다.

사석을 활용한 끝내기

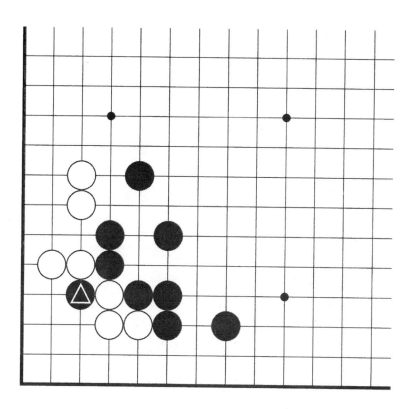

흑🔺를 살릴 수는 없지만 상당한 끝내기 수단이 숨어 있
다. 백을 최대한 조여 붙여서 선수로 득을 보거나 귀를 차
지해야 한다.

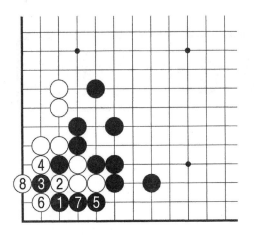

그림1 (정해)

흑❶의 치중이 눈에 보이는
급소. 백②때 흑❸이 강수로
백④, ⑥은 후수라도 귀를 지
키려는 수로 백⑧까지가 결론.

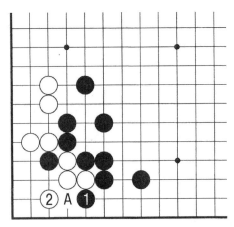

그림2 (실패)

흑❶의 젖힘은 백이 A로 막을
거라고 생각한 수. 그러나 백
②가 흑의 의도를 꺾는 맥점으
로 귀를 지킬 수가 있다. **그림
1**에 비해 5집 이상 손해이다.

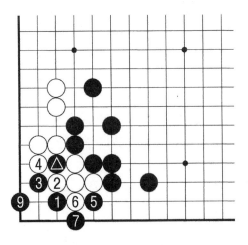

그림3 (변화)

흑의 수단에 백이 선수를 취하
려면 백⑥으로 찌르는 수가 있
다. 흑❾까지 선수는 차지하
나 **그림1**에 비해 7집 정도 차
이가 난다.

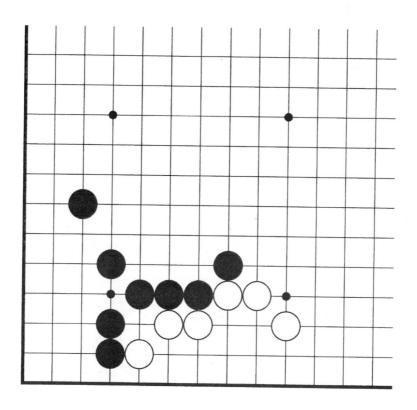

백의 선수 끝내기를 저지하는 것이 과제이다. 선수로 처리
하거나 백이 손을 빼면 상당한 대가를 치르게 해야 한다.

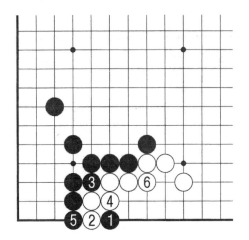

그림1 (정해)

흑❶의 치중이 맥점으로 백②
는 어쩔 수가 없다. 흑❸, ❺
로 처리하면 백의 수단을 선수
로 저지해서 주어진 목적을 달
성한다.

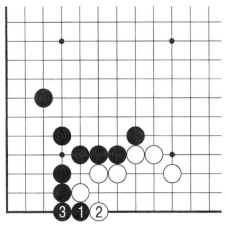

그림2 (실패)

흑❶, ❸은 단순한 후수 끝내
기. 그림1에 비해 단 1집 차이
가 날 뿐이다. 그러나 후수인
점이 그림1과의 큰 차이로 실
패이다.

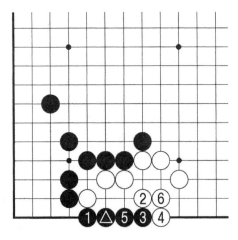

그림3 (참고)

흑▲의 치중에 백이 손을 빼
면 흑❶부터 백⑥까지 상당한
끝내기가 남는다. 백은 억울
하지만 그림1처럼 처리함이
옳다.

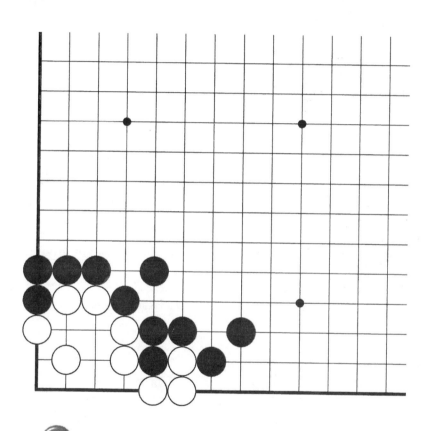

백의 자충을 이용하는 문제이다. 귀의 급소 중 대표적인 곳이 출발점으로 오른쪽 백 석 점을 잡을 수가 있다.

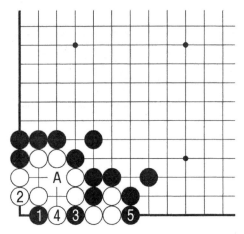

그림1 (정해)

흑❶이 급소로 백②는 약간의 트릭이다. 흑❸, ❺면 A의 약점 때문에 백은 이을 수가 없다. 백②로 ④에 두면 흑❺로 같은 결과이다.

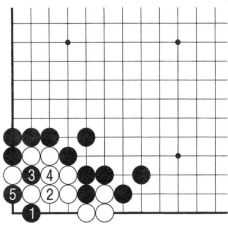

그림2 (패)

흑❶에 백②는 자충을 피하려는 수이다. 그러나 흑❸으로 먹여치고 ❺로 단수하면 백의 사활이 걸린 패가 발생한다. 백의 무리임은 자명한 일이다.

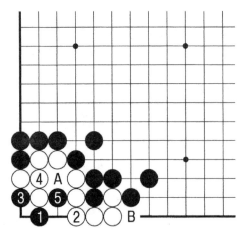

그림3 (패)

흑❶에 백②의 이음도 패를 면할 수가 없다. 흑❸으로 패 모양을 만들고, 흑❺로 단수가 가능하기 때문이다. 백A에는 흑B로 그만.

뒷맛을 고려한 끝내기

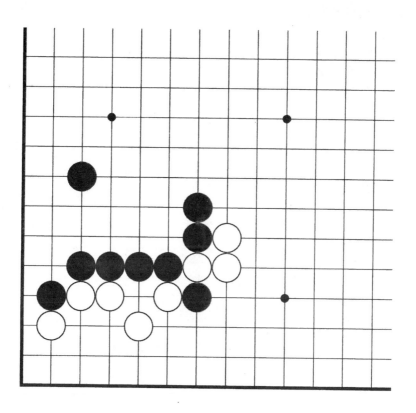

기력이 올라갈수록 선수를 아낄 줄 알아야 한다. 형태가 결정되면 달리 둘 수가 있기 때문이다. 맛을 남긴다는 얘기와도 같은 의미이다.

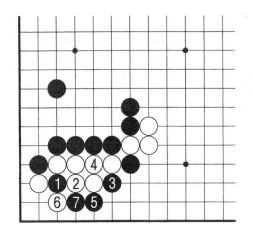

그림1 (정해)

흑❶의 끊음이 백의 응수를 묻는 좋은 수. 백②는 양단수를 피하려는 수이나, 흑❸부터 ❼까지가 기분 좋은 선수가 된다. 백②로는 ⑥으로 양보할 수도 있다.

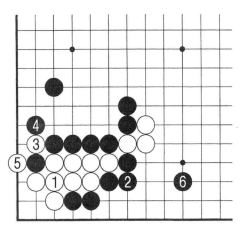

그림2 (계속)

그림1에 이어 백①로 이을 때 흑도 ❷로 보강하면 백은 ③, ⑤로 살아야 한다. 흑❻이면 흑이 대성공을 거둔 모습이다.

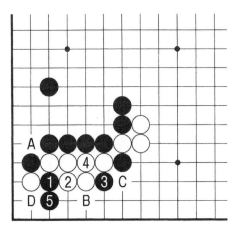

그림3 (변화)

흑❶부터 백④까지는 **그림1**의 수순. 이때 흑❺로 빠지는 수도 맥점이다. 계속해서 백A에는 흑B로 위험하고, 백C엔 흑D로 귀를 차지할 수도 있다.

양쪽을 모두 처리

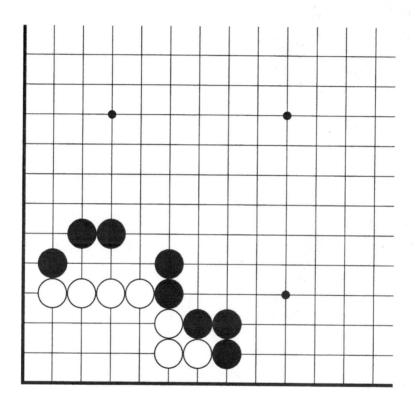

왼쪽은 흑의 선수, 오른쪽은 백이 선수로 끝내기할 자리이다. 그러나 흑에게는 교묘한 수단이 있어 두 곳을 모두 선수로 차지할 수가 있다.

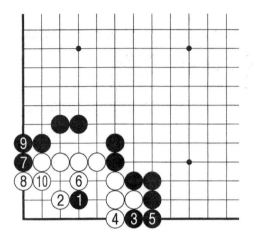

그림1 (정해)

흑❶의 치중이 형태상의 급소. 백②는 사활관계상 이렇게 두어야 하는데, 흑❸, ❺가 선수이고 ❼, ❾도 선수로 둘 수 있다.

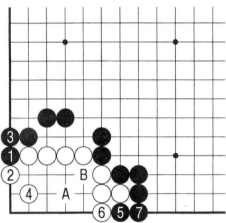

그림2 (실패)

흑❶, ❸으로 서둘러 끝내기를 하면 흑❺가 선수가 되지 않는다. 흑❼ 이후 흑A로 치중해도 백B로 이을 수가 있기 때문이다.

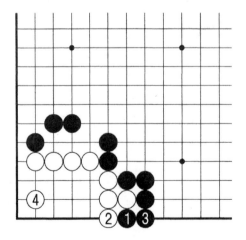

그림3 (실패)

흑❶, ❸으로 젖혀 이어 백의 뒷맛을 노리면 백④가 능률적인 보강으로 14집을 내고 살았다. 그림1에 비해 2집이 많다.

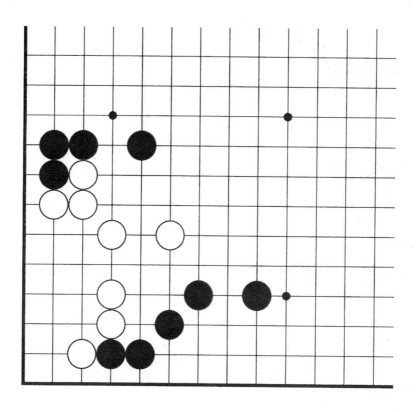

형태상의 맥점은 보이지만 실제로 수가 성립하는지 철저한 수읽기로 확인할 필요가 있다. 잘못하면 손해가 되기 때문이다.

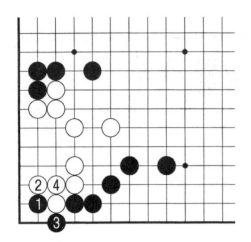

그림1 (정해)

흑❶의 붙임은 성립하는 맥점. 백은 ②, ④로 물러서는 것이 현명한 처사로 피해를 줄이는 방법이다.

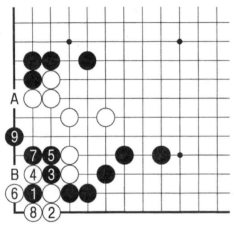

그림2 (반발)

흑❶에 백②가 반발로 흑은 여기에 대한 대책이 있어야 한다. 백⑧까지는 필연의 진행인데, 흑❾가 A, B를 맞보기로 하는 맥점이 되어 백이 곤란하다.

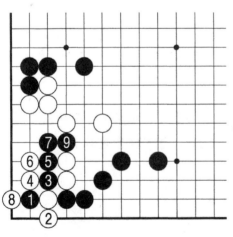

그림3 (변화)

흑❶부터 ❺까지 진행된 후 백⑥으로 귀를 살리는 방법도 있으나, 흑❾면 백 두 점이 죽어서 득이 없다.

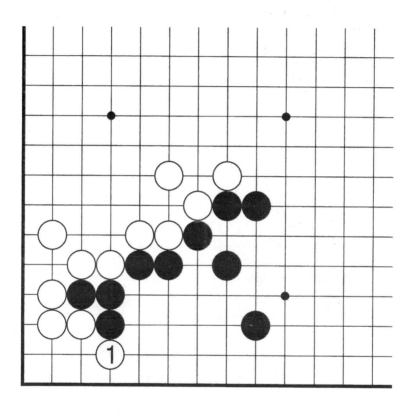

백①의 젖힘은 상당히 큰 수로 흑은 조심하지 않으면 많이 당하게 된다. 흑이 바로 막으면 어떤 수가 있는지, 그리고 흑의 대책을 생각한다.

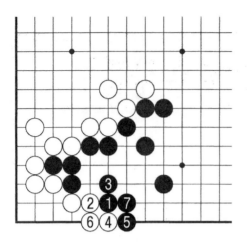

그림1 (정해)

흑❶이 생각하기 힘든 호수로 흑집을 최대한 지킬 수 있다. 백은 ②부터 선수로 끝내기하는 것이 당연한 수인데, 흑❼까지 백을 저지할 수 있다.

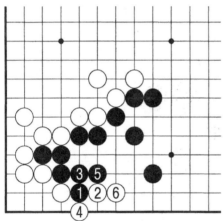

그림2 (실패)

흑❶은 이렇게 두기 쉬운 곳이다. 그러나 백②가 맥점으로 흑❸엔 백④로 연결이 가능해서 흑은 백을 저지할 방법이 없다. 흑은 선수이나 **그림1**에 비해 7집 정도 손해이다.

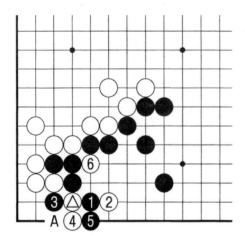

그림3 (무리)

흑❶, 백② 때 흑❸은 무리한 버팀이다. 백④, ⑥이 상용의 수단으로 흑A에는 백△로 먹여치면 흑은 집을 온전히 지킬 수가 없다.

패를 활용한 끝내기

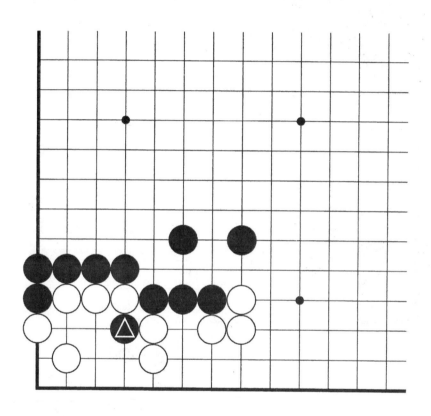

흑▲가 백을 자충이나 환격으로 유도할 수 있는 위치에 있다. 백이 이를 조심하면 패로 버티면서 끝내기를 시도한다.

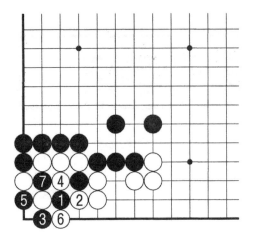

그림1 (정해)

흑❶이 모양상의 맥점이다. 백②는 정수이고 흑❸이 준비된 수로 흑❼까지 패로 버티면서 끝내기를 한다. 백은 부담이 커서 ①의 자리에 이어야 할 것이다.

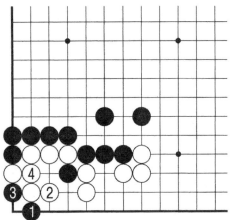

그림2 (실패)

아무 때나 '2의一'이 급소가 되는 것은 아니다. 흑❶에는 백②가 침착한 수로, 흑❸을 해도 백④로 아무런 수도 나지 않는다.

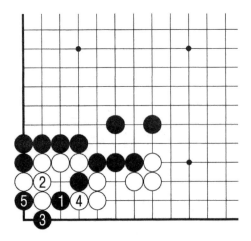

그림3 (패)

흑❶에 백②는 무리한 수이다. 흑❸, ❺면 환격을 이용한 백 여섯 점이 걸린 패가 발생하는데, 흑의 꽃놀이패라 백의 무리이다.

궁도와 관련된 끝내기

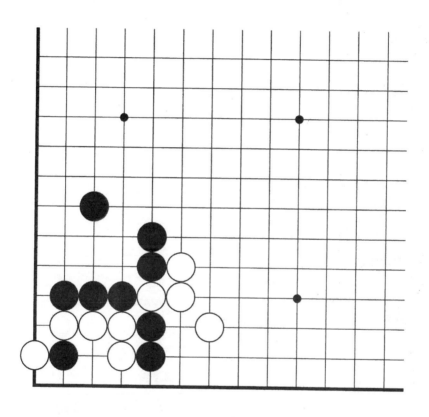

백의 궁도가 있어 수가 길어 보인다. 흑은 최대한 백의 수를 조이는 것이 방법이다. 그러다 보면 어느새 수가 보일 것이다.

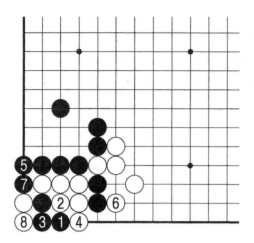

그림1 (정해)

흑❶의 마늘모가 시발점으로 백②는 패를 피한 수로 정수이다. 백⑧까지는 필연의 수순으로 백은 석 점을 따내는데…

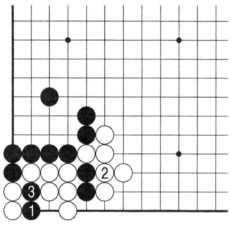

그림2 (계속)

그림1에 이어 흑❶로 단수하면 백은 이을 수가 없다. 백②엔 흑❸으로 백 두 점을 잡을 수가 있다.

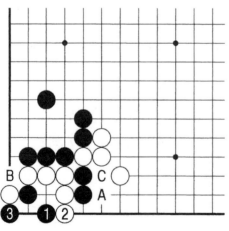

그림3 (변화)

흑❶에 백이 ②로 막으면 흑❸으로 패가 발생한다. 이 패는 백이 버티기 어려워 백A, 흑B, 백C로 양보해야 한다. 백은 선수도 잃었고 집도 5집이나 손해이다.

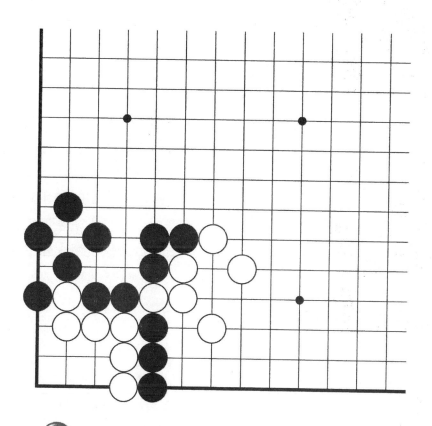

궁도가 있다고 꼭 수가 긴 것은 아니다. 귀는 특수한 곳이
라 패를 항상 염두에 두고 이를 이용해야 한다.

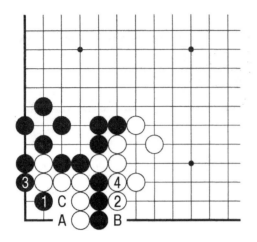

그림1 (정해)

흑❶의 붙임이 백의 수를 줄이는 맥점으로 백②는 정수이다. 흑은 ❸으로 수를 줄이며 연결해서 마무리가 된다. 귀는 흑A, 백B, 흑C로 집을 내는 수도 남아 있다.

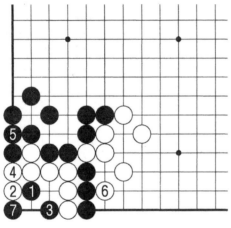

그림2 (패)

흑❶에 백②는 집을 만들어서 수를 늘리려는 수이다. 그러나 흑❸이 좋은 수로 ❼까지 패를 만들 수 있다. 물론 흑의 꽃놀이패라 백이 망한 모습이다.

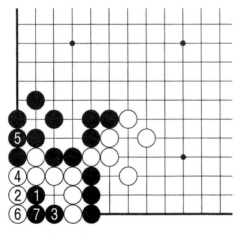

그림3 (죽음)

앞 그림에서 백이 패를 피하려면 이하 흑❺까지 진행되었을 때 백⑥으로 두어야 하나, 흑❼로 수를 줄이면 백은 한 수 부족으로 죽는다.

25 고급

연속되는 수순

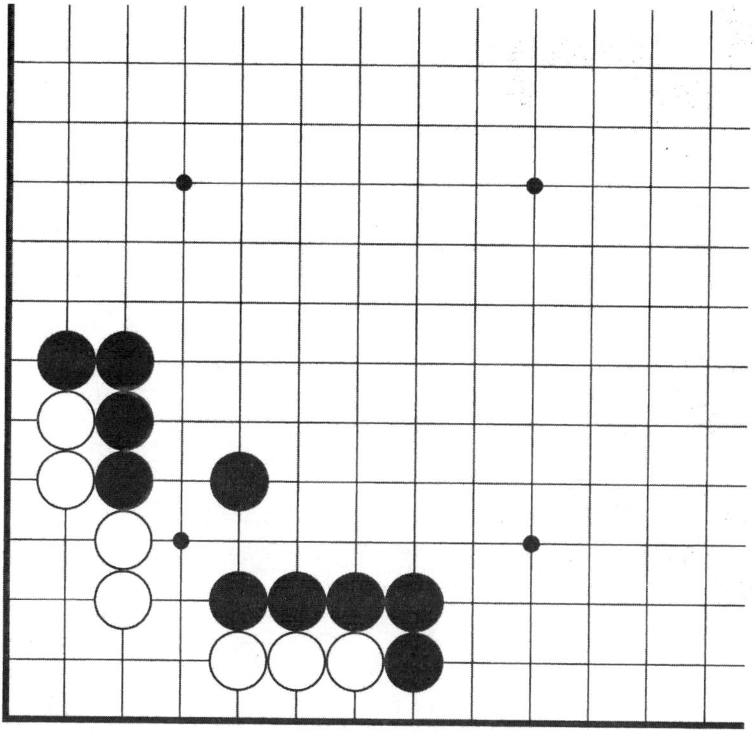

한눈에 보이는 급소는 없다. 그러나 연속되는 수순으로 백의 약점을 찔러 이득을 얻는 수단이 있다.

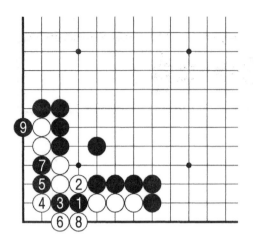

그림1 (정해)

흑❶의 젖힘부터 일을 꾸민다. 백②, ④엔 흑❺로 끊는 수가 좋은 수로 백⑥에는 흑❼, ❾로 백 두 점을 잡는다.

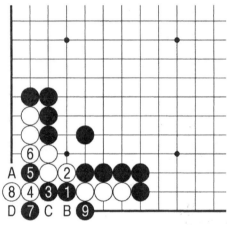

그림2 (변화)

흑❺까지는 앞 그림의 수순. 백⑥도 생각이 되는 수인데, 흑❼, ❾면 백 석 점이 죽어 백의 손해이다. 백⑧로는 A로 따고 흑❾ 때 백B, 흑C, 백D로 패는 가능하나 백도 부담이 커서 어렵다.

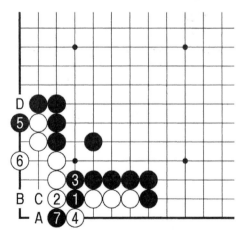

그림3 (변화)

흑❶에 백②는 흑❼이 좋은 수로 백A, 흑B, 백C, 흑D면 백 대마는 비명횡사한다. 백C면 살 수는 있으나 꼬리가 떨어진다.

자충을 활용

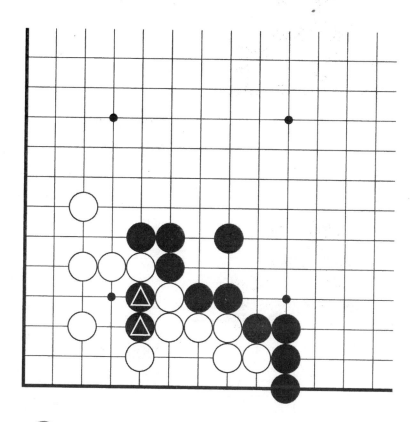

흑△ 두 점을 활용하는 문제. 백의 자충을 이용해서 한 발이라도 더 들어간다. 수순에도 유의해야 성공할 수가 있다.

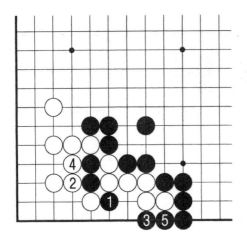

그림1 (정해)

흑❶의 끊음이 끝내기의 출발
점. 백②, ④는 선수를 뽑기
위한 처방이고, 흑은 ❸으로
백의 자충을 이용해서 ⑤로
잇는다.

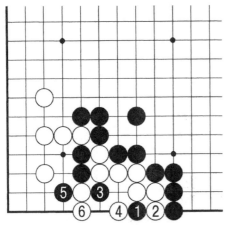

그림2 (실패)

흑❶의 붙임부터 시작하면 안
된다. 백②로 차단해도 수가
나지 않는다. 흑❸, ❺로 단수
해도 백은 살아 있다.

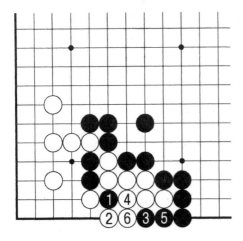

그림3 (변화)

흑❶에는 백②가 집을 지키는
좋은 수이다. 백⑥까지 **그림1**
보다 약 3집이 많으나 후수라
서 정해보다는 못하다고 할
수 있다.

유인 작전

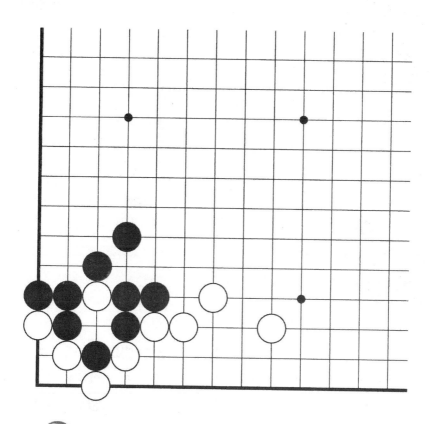

재미있는 모양이다. 흑의 작전이라면 백을 무겁게 만드는 것이다. 일종의 미끼를 던져 백의 덩어리를 키운다.

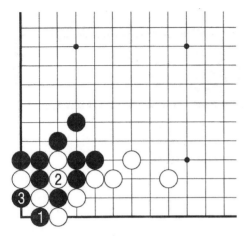

그림1 (정해)

흑❶이 묘한 수로 백은 ②로 따내서 수습이 되는 듯하나 흑❸으로 전체를 노리는 수가 맥점으로 패가 정답이다.

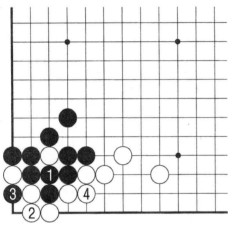

그림2 (실패)

흑❶로 잇기 쉬운 곳이지만 백은 ②로 이어 부담을 없앤다. 흑❸으로 따는 정도이나 백④로 충분하다.

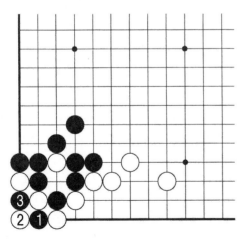

그림3 (변화)

흑❶에 백이 ②로 딸 수도 있다. 그러나 흑❸이면 패를 피할 수가 없는데, 그림1과는 별차이가 없지만 그림1이 백으로선 약간 낫다.

자충을 활용

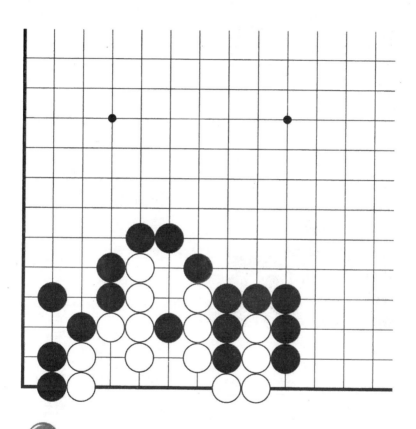

한눈에 급소가 보이고 자충을 이용하는 문제임을 안다면 상당한 수준이다. 과연 백집을 몇 집까지 줄일 수 있을 것인가?

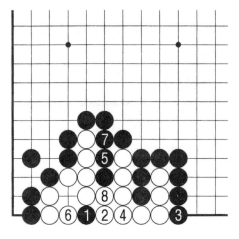

그림1 (정해)

흑❶이 맥점으로 백②에는 흑
❸부터 조인다. 백⑧까지면
백집은 3집에 불과하다. 백④
로는 손을 빼는 것이 나을 수
가 있다.

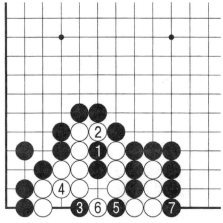

그림2 (실패)

흑❶부터 백을 자충으로 몰
수는 있지만 흑❶, 백②가 손
해 교환이다. 게다가 흑의 후
수라서 상당한 차이가 있다.

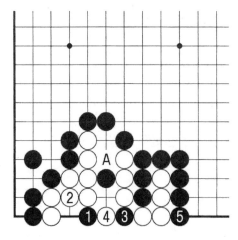

그림3 (변화)

흑❶에 백②로 이으면 흑❸,
❺가 수순으로 백은 ③으로
이을 수가 없다. 흑A면 죽기
때문이다. 백은 이 그림이 **그
림1**보다 3집 정도 손해지만
선수라서 이렇게 두어야 한다.

약점을 추궁

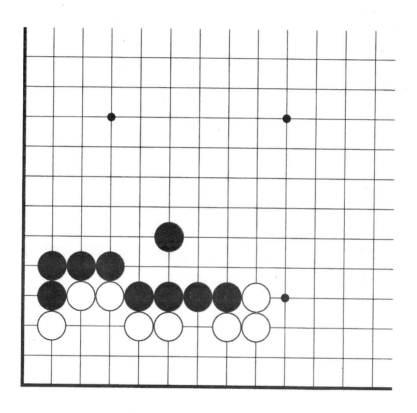

백 모양이 부실해서 수는 나는 모양이다. 흑은 변화를 없
애고 최선의 수단을 강구해야 한다.

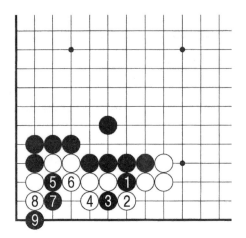

그림1 (정해)

흑❶, ❸의 사전공작이 수순이다. 백②, ④는 당연한데, 흑은 ❺로 끊고 ❼로 늘면 귀를 차지할 수 있다. 백은 자충 때문에 귀를 포기해야 한다.

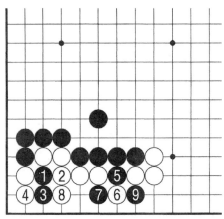

그림2 (변화)

흑❶, ❸을 먼저 해도 수는 난다. 그러나 흑❾까지 귀를 살릴 수도 있다. 실전이라면 어렵지만 끝내기 문제로는 백이 **그림1**보다 나은 모양이다.

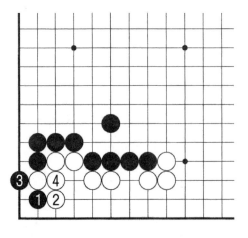

그림3 (실패)

흑❶은 이런 모양에서의 상용의 수단이다. 그러나 변의 약점을 묵과한 죄가 크다. 백④까지 **그림1**보다 훨씬 못한 결과이다.

단순한 정수

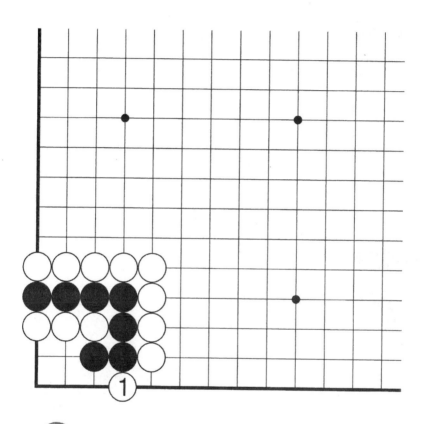

백이 ①로 젖힌 장면이다. 간단한 문제이나 백의 수에 대응책이 있어야 하고 계산력도 있어야 한다. 1집이라도 크게 사는 방법을 찾아보자.

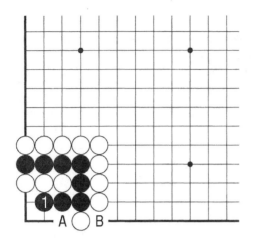

그림1 (정해)

흑❶이 단순하지만 정수이다.
이후 흑A, 백B로 되는 모양이
라 9집을 내고 살았다. 흑A는
권리이므로 이렇게 보는 것이
타당하다.

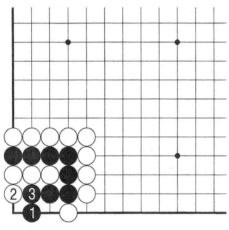

그림2 (실패)

흑❶은 기교를 부린 수로 백
②에는 흑❸으로 8집을 내고
살았다. 그러나 **그림1**보다 1
집이 손해인 형태이므로 실패
이다.

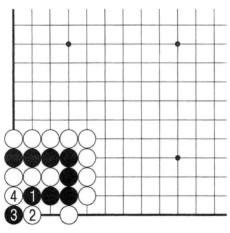

그림3 (참고)

흑❶에 백②로 붙이는 수가
맥점인 듯하다. 그러나 흑❸이
멋진 점으로(흑❸이 문제의
핵심) 흑집은 9집을 유지할 수
있다.
(흑❺…백④)

끊는 맥점

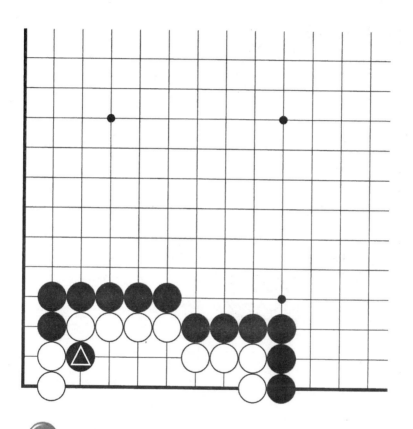

흑▲가 잡힌 모습이지만 백의 자충을 이용하면 되살릴 수가 있다. 일단 백을 끊어야 자충을 노릴 수가 있을 것이다.

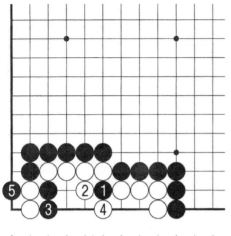

그림1 (정해)

흑❶의 끊음이 좋은 수로 백
②는 당연한 수. 흑❸으로 수
상전인데, 흑❶의 역할로 백
은 수를 메우지 못한다. 흑❸
으로 백④에 두면 반 집 손해
이므로 주의.

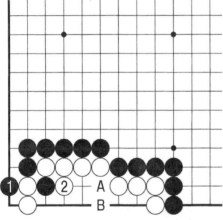

그림2 (실패)

흑❶은 **그림1**의 수를 못 본
수로 백②면 흑의 노림은 물거
품이 된다. 이제 흑A로 끊어
도 백B로 이상이 없다.

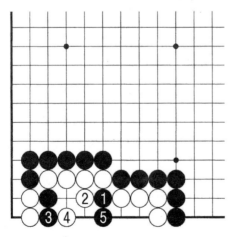

그림3 (변화)

흑❶, ❸에 백④가 걱정이 되
나 이는 기우에 불과하다.
흑❺면 양자충이라 오른쪽 백
넉 점이 죽고 후수로 살아야
하므로 백은 이렇게 둘 수가
없다.

자충을 노림

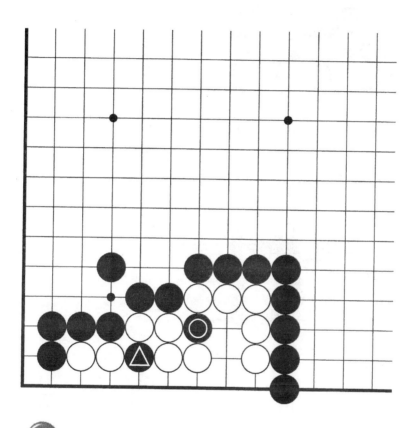

흑🔺와 ◉가 좋은 위치에 있다. 좋은 위치라 함은 백의
자충을 노릴 수 있다는 뜻이다. 수순에도 신경을 써야
한다.

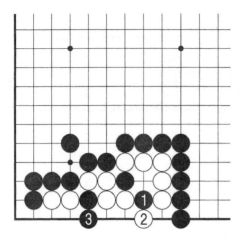

그림1 (정해)

흑❶이 백을 자충으로 만드는 맥. 이어 흑❸이면 백 두 점을 잡는다. 흑❶로 ❸에 바로 두면 백은 ②의 오른쪽에 두어 크게 산다.

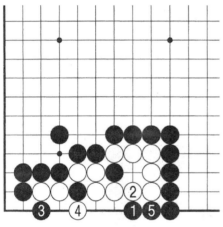

그림2 (실패)

흑❶의 치중은 백②로 별게 없다. 흑❺까지 **그림1**에 비하면 5집이나 손해이다. 잡혀 있는 흑 두 점을 활용하지 못한 모습이다.

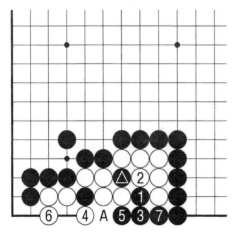

그림3 (변화)

흑❶에 백②는 좋지 않다. 흑❸으로 나가고 ❺, ❼이면 백은 A로 살아야 하는데, 흑△로 백 여섯 점을 잡을 수가 있다.

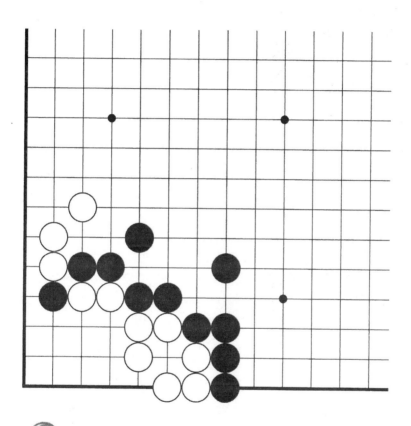

상당한 끝내기가 숨겨져 있다. 백이 집이 있는데도 자충을 노릴 수가 있다. 형태의 급소에 연연하면 안 된다.

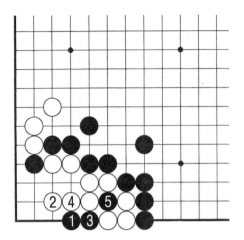

그림1 (정해)

흑❶의 치중이 절묘한 맥점. 백은 ②로 자세를 잡는 정도 인데, 흑❸으로 단수하면 이을 수가 없다. 흑❺까지 백 석 점을 잡고 다음 끝내기도 남았다.

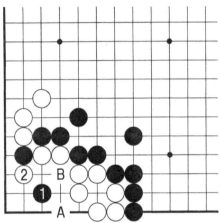

그림2 (실패)

흑❶은 일감으로 떠오르는 수. 그러나 백②로 잡는 수가 침착 한 수로 흑A에는 백B로 아무 이상이 없다.

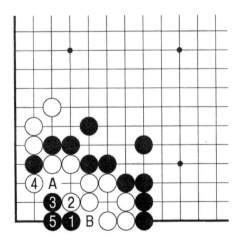

그림3 (변화)

흑❶에 백②는 모양부터 좋지 않다. 이제는 흑❸이 맥점으로 백④엔 흑❺로 잇는다. 이후 백B에는 흑A로 자충이 되어 이을 수가 없다. 백 석 점을 버리는 수밖에 없다.

주변 돌을 최대한 활용

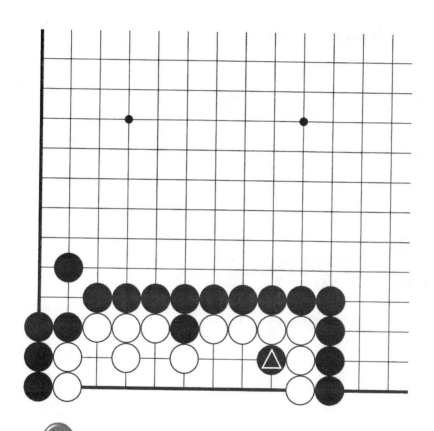

흑▲가 전혀 쓸데없는 위치에 있다. 그러나 이 한 점이 문제를 푸는 데 꼭 필요한 점이다. 백을 자충으로 만드는 데 필요하기 때문이다.

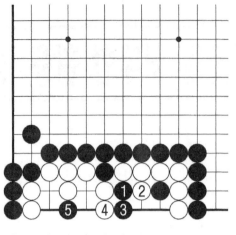

그림1 (정해)

흑❶로 끊고 ❸으로 느는 것이 수순이다. 백④엔 흑❺가 환격을 노리는 맥점으로 백은 두점을 버려야 한다.

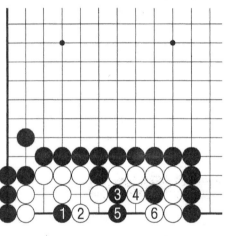

그림2 (실패)

흑❶도 형태상의 맥점이나 백이 ②로 받으면 실패한다. 흑❸, ❺로 끊어도 백⑥이면 왼쪽 백이 완생이라 아무 수도 되지 않는다.

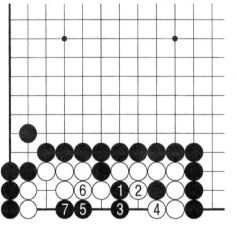

그림3 (백, 무리)

흑❶, ❸ 때 백이 ④로 잡으면 흑❺의 치중 후 ❼로 미는 수가 좋다. 양자충의 모습으로 백은 전체가 죽는다.

상용의 끝내기

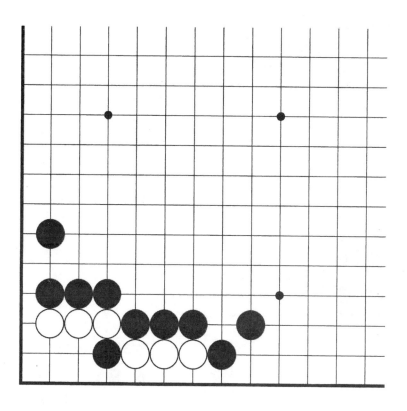

귀에서의 상용 수단이 눈에 보인다. 그러나 더 나은 수단
이 있는지 살펴야 한다. 흑 한 점을 키우고 백을 괴롭히면
좋은 일이 있을 것이다.

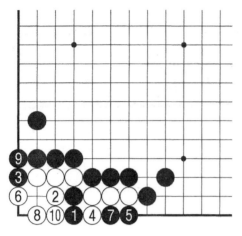

그림1 (정해)

흑❶로 내려서고 ❸으로 젖히는 수가 재미있는 수. 백④는 정수고 흑❺에 백⑥은 그나마 최선으로, 흑은 백 넉 점을 선수로 잡는다.

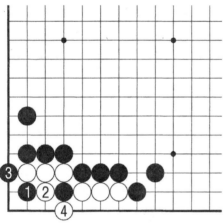

그림2 (실패)

흑❶, ❸은 중급자 정도면 누구라도 생각하는 수단. 그러나 백④로 살면 **그림1**보다 11집이나 손해이다.

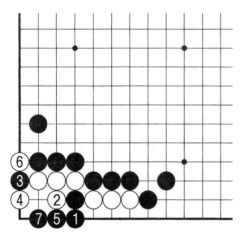

그림3 (백, 무리)

흑❶, ❸에 백④로 받는 수는 엄청난 무리. 흑❺, ❼이면 양자충으로 전체가 죽는다. 백은 **그림1**처럼 반쪽이라도 살아야 한다.

36 선수를 아끼는 요령

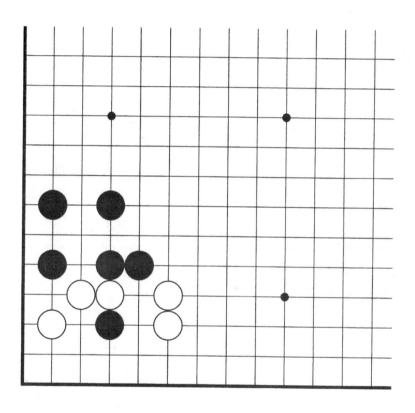

선수로 찌르고 끝내기하는 것은 누구라도 둘 수 있다. 선
수를 아끼고 백집을 더 줄일 수 있는 수단을 생각해 보자.

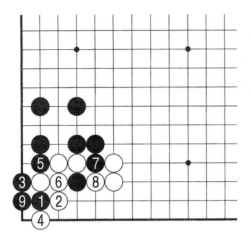

그림1 (정해)

흑❶이 묘한 맥점으로 백②에
는 흑❸으로 젖히는 것이 재
미있다. 백④에는 흑❺, ❼을
선수하고 ❾로 이어서 성공.

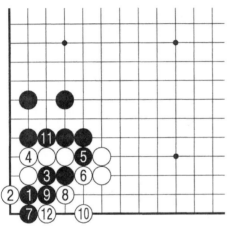

그림2 (백, 무리)

흑❶에 백②로 반발하면 흑❸
을 선수하고 ❺, ❼로 수상전
을 한다. 백은 ⑧, ⑩을 두고
⑫로 패를 하는 것이 최선이
나, 이미 망가진 모습이다.

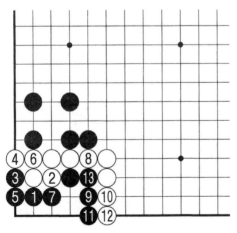

그림3 (백, 손해)

흑❶에 백②로 대응한 변화이
다. 흑❸, ❺로 젖혀 잇고 ❼
로 늘면 백⑧이 불가피하다.
흑⓭까지 5집을 내고 살아서
는 흑의 대만족이다.

사석을 활용

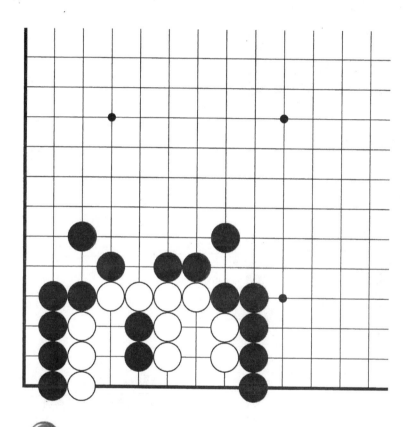

잡혀 있는 흑 두 점이 아직은 죽은 돌이 아니다. 두 점을 살리면서 백집을 바람과 함께 사라지게 할 수가 있다.

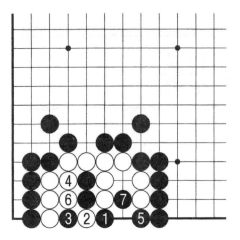

그림1 (정해)

흑❶의 젖힘이 해결의 실마리. 백도 ②로 먹여치는 수가 좋은 수로 ④, ⑥으로 흑 석점을 잡고 산다. 그러나 흑❼의 단수에는 자충이라 이을 수가 없다.

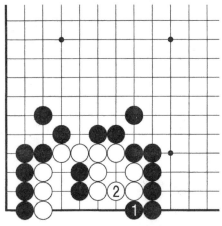

그림2 (실패)

흑❶로 밀면 백은 ②로 집을 내는 수가 좋은 수로 이제는 백을 괴롭히는 수단이 없다. 그림1에 비하면 엄청난 손해.

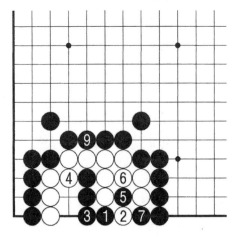

그림3 (변화)

흑❶에 백②도 가능한 수이다. 흑❸으로 이으면 백④가 불가피한데, 흑❺, ❼이 상용의 수단으로 흑❾까지 빅이 난다. 백으로선 그림1보다 1집 정도 약간 더 손해이다.
(백⑧…흑❺)

후절수의 맥점

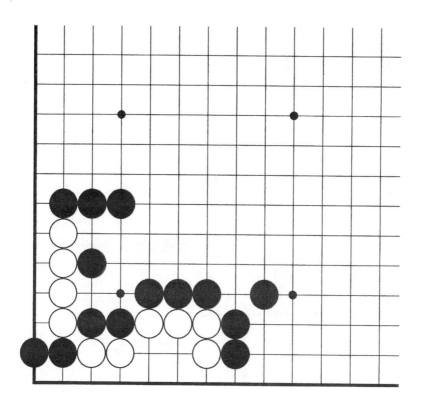

수상전은 흑이 불가능한 모양이다. 그러나 오른쪽 백의 수
를 줄이고 흑 두 점을 넉 점으로 키워서 후절수를 노리면
노력에 대한 보답이 생길 것이다.

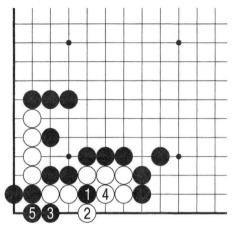

그림1 (정해)

흑❶의 끊음을 출발로 ❸, ❺로 1집을 내며, 후절수 모양을 만드는 것이 중요한 수순이다. 백은 흑 넉 점을 조일 수밖에 없다.

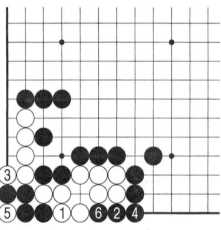

그림2 (계속)

백①은 당연하고 흑도 ❷부터 수를 메운다. 흑❻까지는 필연인데, 백은 애석하게도 다섯 점을 이을 수가 없다. 이으면 후절수에 걸리게 되기 때문이다.

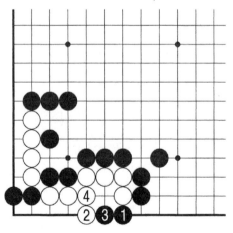

그림3 (실패)

흑❶의 젖힘도 성립하는 것 같지만 백②로 저항하는 수가 기다리고 있다. 흑❸엔 백④로 두어 더 이상 백을 공략할 수가 없다.

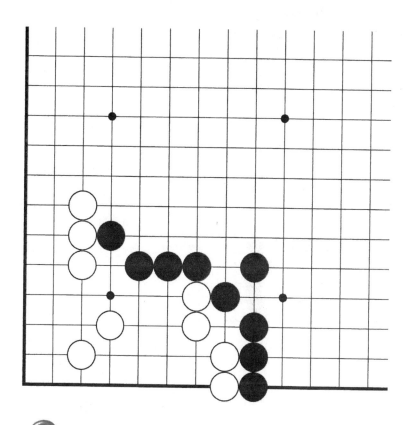

수순에 유의해서 잘 생각해야 한다. 단지 밖에서 집을 줄이는 것은 문제와는 거리가 먼 작전이다.

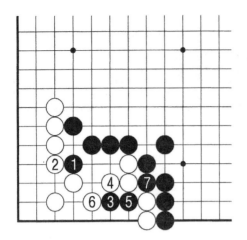

그림1 (정해)

흑❶이 속수의 모양이지만 중요한 수이다. 백②때 흑❸이 맥점으로 백④엔 흑❺가 좋은 수로 백 두 점을 잡을 수 있다.

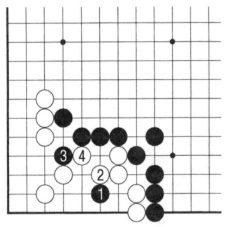

그림2 (실패)

흑❶을 먼저 결정하는 것은 수순 착오이다. 흑❸에는 백④가 호수로 흑은 오히려 보태 준 결과이다.

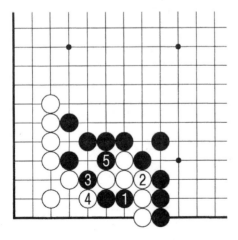

그림3 (패)

흑❶로 둘 때 백②는 무리한 버팀이다. 흑❸, ❺로 패를 내는 수단이 준비되어 있기 때문이다. 물론 백은 부담이 커서 **그림1**처럼 흑에게 두 점을 주어야 한다.

맞보기 수단

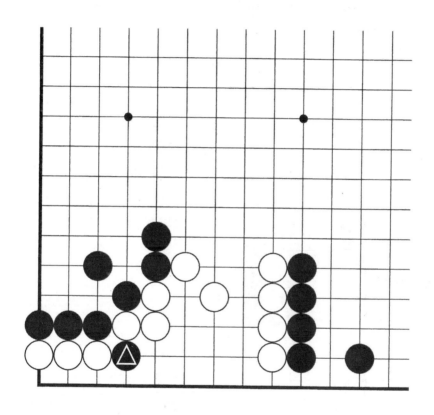

흑△가 멋진 끝내기 수단을 제공한다. 귀의 수단과 연결을 맞보는 침투수를 찾는 것이 해결에 도움을 줄 것이다.

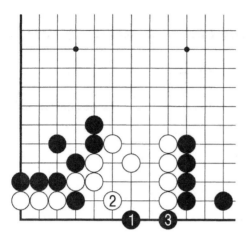

그림1 (정해)

흑❶이 재미있는 수로 백은 ②로 물러서는 정도이다. 흑❸으로 연결하면 백집이 상당히 줄어든 모습이다.

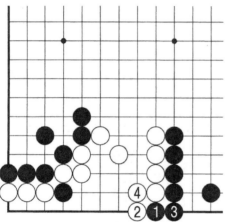

그림2 (실패)

그림1의 수단을 못 보고 흑❶, ❸으로 젖혀 이으면 선수지만 백집도 굳어진다. **그림1**과는 5집의 차이가 난다.

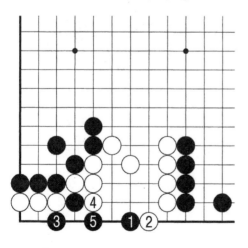

그림3 (패)

흑❶에 백②로 차단하면 흑❸, ❺가 좋은 수로 패가 발생한다. 이 패의 부담은 당연히 백이 커서 이렇게 두기 힘들다.

세 번째 수가 초점

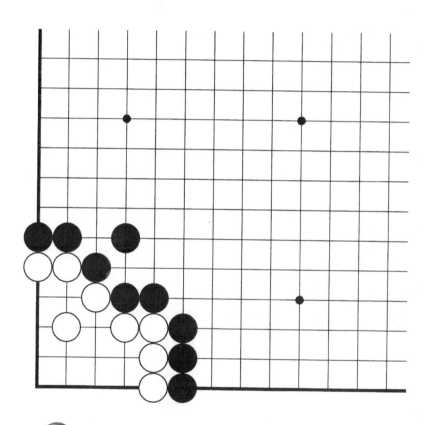

🌑 백집이 넓지만 빅을 내는 수단이 있다. 첫수는 쉬우나 셋째 수가 묘수이고, 그 다음은 그리 어렵지 않다.

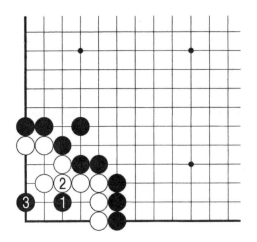

그림1 (정해)

흑❶로 두 눈 딱 감고 두드릴 곳. 백② 때 흑❸의 한 칸 뜀이 '2의一'의 맥점으로 이 수가 문제의 포인트이다.

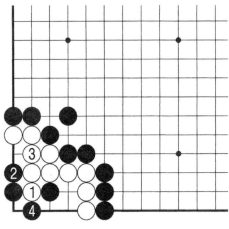

그림2 (계속)

앞 그림에 이어 백①이 정수로 흑은 ❷를 선수하는 것이 중요하다. 백③으로 이을 때 흑❹면 빅의 형태이다.

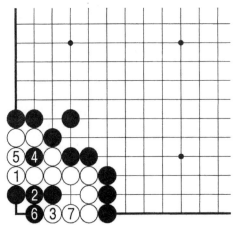

그림3 (변화)

그림1에 이어 백①에는 흑도 ❷로 잇는다. 백③에는 흑❹를 선수하고 ❻으로 집을 내면 백⑦까지 빅이다. 백은 후수로 빅을 내서 **그림2**보다 좋지 않다.

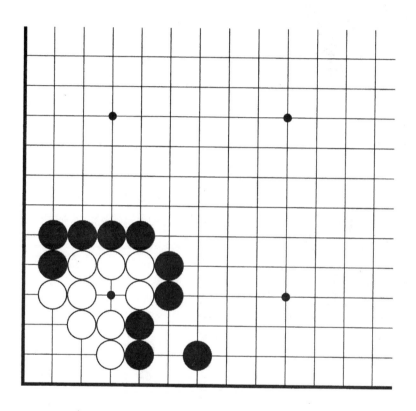

어느새 마지막 문제이다. 수법도 생소하고 이득인지도 구
분하기가 애매한 문제이다. 잘 생각해서 유종의 미를 거두
었으면 한다.

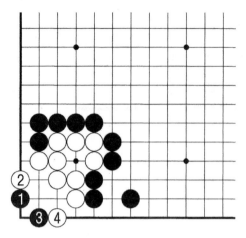

그림1 (정해)

흑❶, ❸으로 두는 것이 선수로 이득을 챙기는 묘한 수법. 손해 같으나 백은 가일수를 해야 하고, 함부로 끝내기를 하지도 못한다. 잘못하면 빅이 나기 때문이다.

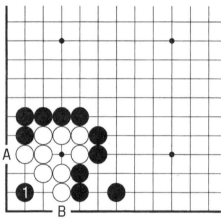

그림2 (실패)

흑❶의 치중은 손해는 아니나 그리 이득될 것도 없다. 다음 흑A, B가 선수라서 손해는 없으나 정해보다는 못하다.

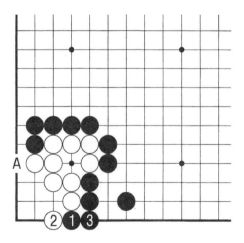

그림3 (실패)

흑❶, ❸으로 젖혀 이어도 결과는 **그림2**와 같다. 아무쪼록 끝까지 정독해 주신 분께 감사드리며, 조금이나마 도움이 되었으면 한다.